묘
신
계
록

묘신계록 제2권

인스타그램 Instagram @meoshinke | 유튜브 YouTube @meoshinke

마명조
탄주어
대구귀
소여구아
삼두구미
무투
청룡
유인
장자마리
천마
백호
현무
우렁도령
외양간신
조마구
주견사
삼신할머니
주작
장승
상심
그림귀신
구렁덩덩신선비
이죽이병
귀수산

무두귀

해골귀신

지네각시

현학

삼족오

두생일각

금돼지

석복

백발노인

자이

금혈어

고관대면

솟대

두두리

자물쇠귀신

달토끼

신거무

장화홍련

꺼먹살이

신기원요

태자귀

신록

대점어

주지

저승사자

벼락신장

차 례

서론

묘신의 변신 10

묘신계 세계관

분류 12
속성 15
인간과의 관계......................................16
출몰지역 17
크기와 몸무게 18
나이 19
시대 19
힘(파워지수) 19
이름 21

본론

거대메기 26
고관대면 28
구렁덩덩신선비 30
귀수산 32
그림귀신 34
금돼지 36
금혈어 38
꺼먹살이 40
달토끼 & 항아..................................... 42
대구귀 44
두두리 46
두생일각 48
마명조 50
무두귀 52
무턱귀 54
백발노인 56
백호 58
벼락신장 60

삼두구미 62

삼신할머니 64

삼족오 66

상심 68

석복 70

소여구아 72

솟대 74

신거무 76

신기원요 78

신록 80

외양간신 82

우렁도령 84

유인수 86

이죽이병 88

자물쇠귀신 90

자이 92

장승 94

장자마리 96

장화홍련 98

저승사자 100

조마구 106

주견사 108

주작 110

주지 112

지네각시 114

천마 116

청룡 118

탄주어 120

태자귀 122

해골귀신 124

현무 126

현학 128

부록 130

참고문헌 및 출처 156

서론

묘신계로 가기 전에 반드시 알아야 하는 사항들이 있습니다. 묘신계의 기본 정보부터 괴력난신들을 이해하는 데 도움이 되는 자료들입니다. 이를 모른 채 혹은 무시하고 묘신계의 주민들을 만날 시 어떤 일이 벌어져도 책임질 수 없음을 알려 드립니다.

묘신(猫神)의 변신

12지신에 들지 못한 숨겨진 13번째 동물신은 바로 고양이 신으로, 땅을 지키는 지신들과 달리 요괴, 귀신, 신수, 신령들이 득실대는 신비로운 영혼의 영역을 관리하고 있습니다. 묘신계를 관리하는 묘신은 영역과 상황에 따라 3단계의 모습으로 변신이 가능합니다.

1단계: 고양이
묘신이 인간 세상에 나타날 때에는 일반 고양이의 모습으로 변신합니다. 인간들은 묘신을 진짜 고양이로 생각하고 큰 관심을 두지 않아서 인간 세상을 맘대로 다니기에 가장 적합합니다.

2단계: 신
묘신계에서 묘신의 모습입니다. 묘신의 본 모습이라 할 수 있으며 변신의 3단계 중 가장 편한 상태가 바로 이 모습입니다. 이 단계에서 일반적인 인간은 묘신을 볼 수 없단 것이 가장 큰 특징입니다.

3단계: 전투

전투에 임하거나 강한 요괴를 저지해야할 때 묘신은 전투형으로 변신합니다. 평소에는 아주 보기 드문 모습으로, 이 단계에서의 묘신은 힘이 더욱 강해지며, 외형이 사납게 변신하는 것이 특징입니다. 2단계와 마찬가지로 일반적인 인간들의 눈에는 전투형으로 변신한 묘신의 모습이 보이지 않습니다.

묘신계 (猫神界) 세계관

묘신계는 12지신에 들지 못한 13번째 동물 고양이 '묘신'이 다스리는 영혼의 영역입니다. 하늘과 땅과 바다가 있고, 해가 뜨고 달이 지는, 일반적으로 인간이 생각하는 정형화된 세계와는 다른 곳입니다. 시간과 공간의 개념 역시·중력의 법칙이 작용하는 인간 세상과는 다르게 적용됩니다. 이 곳에는 우리가 흔히 요괴, 귀신, 신수, 신령 등으로 부르는 특별하고 이상한 존재들이 주민으로 살아가고 있습니다.

초자연적인 존재, 묘신계의 주민들

자연의 이치에서 벗어난, 설명하기 어려운 불가사의한 존재들을 인간 세상에서는 흔히 귀신·요괴·신수·신령 등으로 분류하여 부릅니다. 아주 먼 옛날 인간의 기록이 시작되기 전부터 살아온 이 기괴한 존재들은 인간의 시선과 관념으로는 이해하기 힘든 일을 벌이고 행동하는데, 이 책의 내용 또한 인간의 시점에서 그들의 이야기를 기록한 것이므로 실상은 다를 수도 있습니다.

분류

여느 생명체처럼 묘신계의 초자연적인 존재들도 종류에 따라 정의되고 분류됩니다. 우선 모든 묘신계 존재들은 크게 3가지의 기준을 거쳐 나누어집니다.

> 근원 혹은 태생이 어떻게 되는가.
> 외형이 어떠한가.
> 해당 캐릭터의 특징이 무엇인가.

대분류에서는 캐릭터의 근원, 즉 태생을 기준으로 분류합니다. 각 존재의 본질에 따라 나눠지며 본질만으로 판단이 어려운 경우에는 탄생할 때의 배경과 방법을 참고했습니다. 모든 캐릭터들은 대분류에 따라 **물괴, 괴수, 괴인, 신수, 신령** 이렇게 다섯가지로 나누어집니다. 중분류에서는 외형의 생김새를 기준으로 분류합니다. 같은 괴수라 해도 일반적으로 우리가 아는 모습을 가진 일반형과 상식을 크게 벗어나는 형태를 가진 경우는 이형으로 구분하고, 같은 괴인이라도 일반적인 인간 형태의 일반형과 더 괴이한 모습을 한 이형으로 나누어집니다. 단, 신수와 신령은 그 특성상 외형보다는 역할과 특징에 따라 분류됩니다. 소분류에서는 개체가 가지고 있는 특징이 좀 더 구체적으로 나뉘어져 분류됩니다.

대부분의 캐릭터들은 원전에서 찾은 내용을 그대로 적용하여 분류하였으나 캐릭터 개발 과정에서 묘신계 세계관을 적용하면서 원전과 다른 외형과 특징을 가지게 된 몇몇 캐릭터는 묘신계 버전 속 모습과 특징을 기준으로 분류했습니다.

물괴

사물이나 자연물이 근원이 되는 괴물로, 인간 형태로 둔갑한 경우도 근원이 사물이면 모두 물괴로 분류합니다.

- **자연물형:** 자연계에 있는, 저절로 생긴 물체의 정령. 혹은 그 자체로 특별한 힘이 있는 경우.
- **사물형:** 오래된 물건이 사(邪)*가 된 경우. 혹은 신기한 물건.

물괴	자연물형	생물형	꽃, 나무 등 생명을 가지고 스스로 생활 현상을 유지하여 나가는 물체인 경우
		무생물형	세포로 이루어지지 않은 돌, 물, 흙 등 생물이 아닌 물건인 경우
	사물형	일체형	물건 자체가 괴력난신이 된 경우
		매개형	물건을 통해서 괴력난신이 소환 혹은 등장하는 경우

* 사(邪): 바르지 못함. 요사스러운 것.

괴수

동물이 근원이 되는 괴물로, 인간 형태로 둔갑하더라도 원래 모습이 동물이면 모두 괴수로 분류합니다.

- **일반형 :** 특수한 능력이 있는 동물. 일반적인 동물 모습을 가지고 있으나 어떤 연유로 인해 본질에 변화가 생긴 경우.
- **이형 :** 성질 · 모양 · 형식 따위가 일반적인 동물과 많이 다른 경우.

		변이형	일반적인 모습에서 후천적으로 외형이 변한 경우
괴수	일반형	요술형	인간으로 둔갑하는 것을 포함해서 다양한 모습으로 변신할 수 있거나, 술법을 사용할 수 있는 경우
		수귀형	동물이 죽어 귀신이 된 경우
	이형	돌연변이형	일반적으로 알려진 동물의 외형에서 찾아볼 수 없는 특이한 특징을 가진 경우
		혼합형	여러 동물의 모습이 합쳐져 있는 경우
		공상형	인간세상에서 존재하지 않는 형체나 특징을 가졌거나, 다른 형으로 정의내릴 수 없는 경우

* 이형은 요술을 사용할 수 있더라도 생김새에서 이미 요괴임을 알 수 있어서 따로 요술형을 나눌 필요가 없습니다. 하지만 일반형은 일반적인 짐승의 모습으로 요술을 사용하기에 요술이 그 요괴의 특징이 되므로 요술형을 따로 나눕니다.

괴인

근원과 태생이 인간이지만 외형과 성질이 평범한 인간의 범주에서 벗어나면 모두 괴인으로 분류합니다.

- **일반형** : 외형이 일반적인 인간의 요소를 갖추고 있는 경우. 즉 인간처럼 생겼으나 일반 인간이 아님.
- **이형** : 근원과 태생은 인간이지만 괴이한 모습을 가진 경우. 인간처럼 생기지 않았으나 근본이 인간임.

		이종형	인간의 형태를 가지고 있지만 타고난 것이 다른 종족인 경우
	일반형	인귀형	사람이 죽어 귀신이 된 경우
괴인	이형	돌연변이형	정상적인 인간의 유전 계통에 없던 새로운 형질이 나타나 탄생한 것으로, 일반적인 인간 개체에서 볼 수 없는 외형 혹은 특징을 가진 경우
		사고형	자의로 변한 것이 아닌 사고 혹은 저주 등에 의해 된 경우
		혼종형	근원은 인간이나 다른 종과 혼합된 경우

* 동물이 인간의 가죽을 뒤집어쓰고 인간 흉내를 내는 의태형 요괴는 포함되지 않으며, 이러한 경우는 근원을 따져 분류합니다.
* 인간이 수련을 통해 도술이나 둔갑술을 익힌 경우도 마찬가지로 괴인으로 포함하지 않습니다.
* 단순히 호칭에 '귀' 자가 들어간다고 하여 모든 존재가 귀신이 되는 것은 아니며, 그 근원을 따져 인귀형으로 분류했습니다.

신수

신수란 신령스럽고 신성한 짐승입니다. 즉 동물과 같은 외형을 가지고 있으면서 어떤 장소나 물건, 추상적인 가치 등을 수호하거나 세상을 이롭게 하는 존재일 경우 신수로 분류됩니다.

신수	수련형	금수가 오랜 수련을 거치거나 특수한 경험을 통해 영험한 존재가 된 경우
	환수형*	전설의 생물로 영험하게 태어난 경우

* 환수(幻獸): 신기하고 괴이한 짐승

신령

신기하고 영묘하며 초인간적, 혹은 초자연적 위력을 가지고 있을 경우 신령으로 분류합니다. 신수와 구분을 하자면 신수보다 인간의 형상에 가깝고, 존재감이 인간 사회에서 더 큽니다.

신령	수련형	인간이 오랜 수련을 거치거나 특수한 경험을 통해 영험한 존재가 된 경우
	신형	신으로 태어난 경우

속성

묘신계는 7개의 속성이 모여 이루어진 세계로, 이곳에 사는 존재들도 이들의 영향을 받습니다. 각 캐릭터들은 하나의 대표적인 속성을 가지고 있습니다. 각 캐릭터들에 관해 면밀한 조사를 거쳤고, 단순히 출몰 지역이나 모습에 따라 속성을 나누는 것이 아닌 각자가 가진 능력과 성향과 영향력에 중점을 두고 대표 속성을 분류했습니다.

모든 성질이 그러하듯이 속성도 다양성을 가집니다. 묘신계의 캐릭터들을 단순히 악함과 선함만으로는 구분할 수 없으며, 같은 맥락에서 대표 속성만으로 모든 것을 정의할 수는 없으나 그들을 근본을 이해하는 데 속성은 매우 중요합니다.

속성은 음양오행의 성질에 따라 월(月), 화(火), 수(水), 목(木), 금(金), 토(土), 일(日), 총 7개로 나누어집니다.

묘신계의 7속성

月 달 월	달, 음기, 어둠, 저주, 현혹, 신비함, 지혜, 예언
火 불 화	불, 열정, 사랑, 재앙, 화재, 발화, 변화, 가뭄, 용기, 번개
水 물 수	물, 결빙, 해일, 정화, 치유, 유연함, 소생, 망각, 혼란(무질서)
木 나무 목	흡수, 회복, 끈기, 풍요로움, 독, 완고함(고집), 집착, 불안(겁)
金 쇠 금	쇠, 무기, 병, 탐욕, 재물, 강인함, 징벌, 지성(이성)
土 흙 토	흙, 대지, 재생, 부패, 중화, 생명, 죽음
日 해 일	태양, 양기, 빛, 정의, 행운, 질서, 권위(힘)

인간과의 관계

묘신계의 초자연적인 존재들은 인간이 이해할 수 없는 능력과 행동으로 인간 세상에 크고 작은 영향을 끼칩니다. 인간을 좋아해서, 증오해서, 혹은 이유 없이 벌이는 다양한 행동들은 인간들에게 득이 될 수도, 실이 될 수도 있습니다. 인간에게 있어서 이러한 정보는 매우 중요합니다. 아주 오래전부터 묘신계의 요괴, 귀신, 신수, 신

-3	재해 수준의 위협이 되며, 수많은 인간에게 위협이 되는 존재
-2	신체적, 정신적으로 다수의 인간에게 직접적인 피해를 주는 존재
-1	장난, 공포감 조성, 물질적인 손실 등으로 소수의 인간에게 직간접적 피해를 주는 존재
0	인간에게 득도 실도 크게 영향을 끼치지 않는 존재
+1	사소한 집안일부터 악한 것이 접근하지 못하도록 막는 일까지 소수의 인간에게 간접적으로 도움을 주는 존재
+2	다수의 인간에게 직접적으로 도움을 주거나 이득이 되는 존재
+3	강한 능력과 힘을 가지고 있으며 수많은 인간에게 도움을 주는 존재
★	인간의 행동이나 태도에 따라 득실이 역전될 수 있으므로 주의해야 함
▲	인간에게 득이 될 수도, 실이 될 수도 있는 존재

령 등에 관심을 가지고 남겨놓은 누군가의 기록을 통해 묘신계의 존재들과 인간 사이의 이해관계를 도식화했습니다. 이는 어디까지나 철저히 인간의 시선에서 본 것을 토대로 만들어졌으며, 최대한 객관화화여 측정되었으나 실제 개별 요괴를 맞닥뜨렸을 때 벌어지는 상황과는 다를 수 있습니다.

출몰지역
묘신계의 존재들은 묘신계에만 머무르는 것이 아니라 인간 세상의 곳곳에 출몰합니다. 울산 개운포, 경주 남산, 전북 김제, 부산 기장, 백두산 등 정확한 지명이 있는 곳에 출몰하여 이것이 캐릭터의 이름과 함께 기록으로 남아 있는 경우도 아주 많습니다. 캐릭터들의 출몰지역은 옛 문헌에 나오는 기록 그대로를 표시했습니다. 다만, 한국 고전 소설 속에는 현재 한국의 지명이 아닌 고대 다른 나라의 지명이 캐릭터의 출몰지역으로 기록되어 있는 경우가 있습니다. 이런 경우에는 현대의 특정 나라를 지칭하지 않으며, 최대한 원전에 기록된 한글 발음 그대로 표기했습니다.

어두운 밤길, 산길, 골짜기 등 출몰지역이 포괄적인 개념으로 기록된 경우에는 특정 지역이나 지명이 아닌 산속, 주택가 등의 개념적인 구역으로 표기 했습니다.

크기와 몸무게

고전 기록 속에는 캐릭터의 크기가 구체적으로 나와 있지 않거나 과장된 부분이 많습니다. 윗입술이 하늘에 닿을 정도로 크다던지, 태산과 같은 크기의 몸집을 가지고 있다던지, 깃털 하나가 집을 부술 정도라던지 등 현실적으로는 말이 안 되는 부분이 꽤 있습니다. 이는 우리 선조들이 이야기를 더욱 재미있게 즐기기 위해 조금 과장되고, 말이 안 되더라도 이렇게 묘사했던 것으로 보입니다.

묘신계 세계관에서는 이러한 캐릭터 묘사를 최대한 해치지 않는 선에서 현실적인 요건들을 감안하여 구체적인 크기와 길이를 표기 했습니다.

이족 보행하는 동물형 혹은 인간형 캐릭터의 경우 두 다리를 딛고 선 자세에서 머리끝(정수리)부터 발 끝까지의 길이를 키로 표기했습니다. 참고로 키나 크기에는 캐릭터가 장착한 장식이나 모자 등은 포함되지 않습니다.

사족 보행하는 동물형 캐릭터와 뱀이나 용처럼 몸의 길이가 기다란 형태를 가진 캐릭터의 경우에는 꼬리까지 펼쳐진 몸길이를 수치로 표기했습니다. 이는 가장 보편적으로 생물학이나 자연도감 등에서 동물의 신체 크기를 재는 방법을 그대로 적용한 것입니다.

신체의 크기가 고정적이지 않고 상황에 따라 변화하는 캐릭터의 경우에는 기본형과 함께 변화했을 때의 수치를 병기하거나 물결표를 사용하여 열린 가능성을 나타냈습니다. 특히 신수와 신령 중에는 능력에 따라 마음대로 크기 변형이 가능한 개체들이 있는데 이들에게는 '*크기변형가능' 이라는 표시가 있습니다.

개체가 하나가 아닌 경우 여러 개체의 평균적인 크기로 표기했습니다.

각 캐릭터의 몸무게 역시 구체적인 수치로 되어있습니다. 그중 귀신, 즉 인귀형·수귀형에 해당하는 캐릭터의 몸무게는 특별합니다. 인간이 죽은 후 귀신이 되었을 때도 살아생전의 몸무게를 그대로 가지고 있을까요? 아닙니다. 묘신계의 귀신들은 거대하거나 작더라도 겉모습과 상관없이 몸무게가 모두 영혼의 무게의 평균치인 21g입니다. 간혹 섬을 등 위에 지고 있는 신수나 인간이 측정할 수 있는 범위를 넘어선, 혹은 측정에 실패한 경우에는 '가늠할 수 없음'으로 표기되어 있습니다.

나이

묘신계의 존재들에게 나이를 물어본다면 어떻게 대답을 할까요? 묘신계에는 자신의 나이를 정확하게 기억하는 캐릭터가 있는 반면, 물어볼 때마다 다른 나이를 이야기하는 요괴도 있고, 너무 오랜 세월을 살아왔기에 자신의 나이를 잊어버린 캐릭터도 있습니다. 이런 경우에는 나이를 '알 수 없음'으로 표시했습니다. 하나의 개체로 존재하지 않고, 종으로서 여러 개체가 있는 경우에는 '개체마다 다름'이라고 표기했습니다.

본문을 읽다 보면 나이가 구체적인 숫자로 기록되어 있으나 캐릭터의 설명에는 '천년 묵은', 혹은 '만년 묵은'이라고 되어 있는 경우가 있습니다. 여기서 몇 년을 묵었다는 건 실제로 살아온 시간을 표기한 것이 아닌 그만큼의 오랜 세월을 살아왔다는 것을 의미합니다.

덧붙이자면, 사실 이들에게는 중력의 법칙이 적용되지 않는데다가, 인간계와 시공간이 다르게 흘러가는 묘신계에 들어온 이후부터는 해가 바뀌어도 더 이상 나이를 먹지 않습니다. 나이는 한국의 정서를 담아 재미있는 상황을 만들어내는 묘신계만의 특별한 설정입니다.

시대

묘신계 캐릭터들에게는 각자의 시대가 있습니다. '시대'란 캐릭터들이 살았던 혹은 등장했던 시기를 기록한 것입니다. 어떤 캐릭터들은 그 시기가 확실하지만, 몇몇 캐릭터의 경우에는 자료를 조사할수록 어느 나라의 것이라고 칼로 자르듯이 정확하게 선을 나누기는 어려운 것들이 있었습니다. 특히 동아시아 문화권에서 공통으로 전해지는 사방신, 기린 등 신수나 신령에 관해서는 정확한 시대를 말하기 어려웠습니다. 이러한 경우에는 '알 수 없음'이라고 표기 했습니다.

힘 (파워지수)

묘신계에서 힘은 단순히 근력을 의미하지 않습니다. 파워지수란 지능·근력·주술·요술·자연 조절 다섯 가지의 능력을 모두 합한 수치로 캐릭터의 실력을 비교합니다.

예를 들어, 인간은 지능과 근력은 있으나 주술, 요술, 자연 조절 능력이 없으므로 평균적으로 13~14 정도의 파워지수를 가지고 있습니다.

몸 크기를 변화할 수 있거나 인간을 잡아먹을 때 본모습을 드러내는 캐릭터 같은 경우엔 변형된 모습과 능력을 발휘할 때의 기준으로 파워지수가 측정됩니다.

일반적으로 파워지수가 높은 캐릭터가 낮은 캐릭터보다 힘이 세고 능력이 뛰어난 것이 사실이나, 항상 파워지수가 높은 캐릭터가 낮은 캐릭터를 이길 수 있는 것은 아닙니다. 특정 능력이 뛰어날 경우, 서로의 속성이 상극인 경우, 또는 처해진 특별한 상황 등에 따라 다른 결과가 나올 수도 있습니다.

지능	**근력**	**주술**	**요술**	**자연조절**
지혜와 재능을 통틀어 이르는 말로, 새로운 대상이나 상황에 부딪혀 그 의미를 이해하고 합리적인 적응 방법을 알아내는 지적 활동의 능력을 이야기 합니다.	근육의 힘, 또는 그 힘의 지속성을 이야기 합니다.	불행이나 재해를 막으려고 주문을 외거나 술법을 부리는 것. 또는 그러한 술법을 이야기 합니다. 저주, 치유 등 어떤 개체의 상태를 변하게 하는 힘을 주술이라고 지칭합니다.	초자연적인 능력으로 괴이한 일을 행하거나 그러한 술법을 이야기합니다. 예언, 변신술, 축지법 등 스스로에게 변화를 주는 힘을 요술이라고 지칭합니다.	자연은 사람의 힘이 더해지지 않고 저절로 생겨난 산, 강, 바다, 식물, 동물 따위의 존재를 의미하며, 본성이나 본질을 이야기 하기도 합니다. 물, 불, 바람, 땅 등 자연을 변하게 하거나 조절할 수 있으며 자신의 속성을 다룰 수 있는 특별한 힘을 이야기 합니다. 때때로 자연을 조절하는 능력 중 일부를 요술로 착각하기도 합니다.

이름

묘신계 캐릭터들에게는 각자의 이름이 있습니다. 이름이 그대로 인간 세상에 알려진 경우도 있지만, 진짜 이름이 아닌 인간들에게 발견되었을 당시의 모습과 행동으로 인해 다른 이름으로 불리게 된 경우도 있습니다. 예를 들어 달걀귀신은 얼굴이 달걀과 같다고 하여 인간들이 붙인 이름이지만, 묘신계 존재들 사이에서는 '다갈'이라고 불립니다. 마찬가지로 동자삼과 물귀신도 그러합니다. 동자삼 같은 경우에는 보이는 모습이 동자(아이)와 같다고 하여 '동자+(산)삼'을 합쳐 이름처럼 부르기 시작했지만, 묘신계에서 불리는 동자삼의 진짜 이름은 '진진'입니다. 물귀신은 물에 빠져 죽은 귀신들을 통틀어 일컫는 명칭일 뿐, 수많은 물귀신들에게는 각자의 이름이 있습니다. 이처럼 괴력난신들은 인간 세상에 진짜 이름이 알려져 있지 않기에 불리는 명칭이 다양한 경우가 많습니다. 묘신계 캐릭터들을 제대로 알기 위해서는 진짜 이름을 아는 것도 중요한 부분입니다.

각자가 가진 능력과 사연이 다른 만큼 각 캐릭터의 진짜 이야기를 본격적으로 듣기 위해 이제 본론으로 넘어갑시다.

괴력난신 분류

종 별 분류

귀신

요괴

신수

신령

속성 별 분류

달 월 (月)

불 화 (火)

물 수 (水)

나무 목 (木)

쇠 금 (金)

흙 토 (土)

해 일 (日)

묘신계 존재들

자연의 이치에서 벗어난, 설명하기 어려운 불가사의한 존재들을
인간 세상에서는 흔히 귀신·요괴·신수·신령이라고 부릅니다.
그리고 이 기괴하고 초자연적인 존재들은 묘신계의 주민으로
살아가고 있습니다. 이제부터 만나게 될 괴력난신들의 이야기
는 인간의 시점에서 기록된 것이므로 실상은 다를 수 있습니다.

거대메기

이름	메기	이해관계	-3
종	요괴	출몰지역	심해
분류	괴수-이형-돌연변이형	키/크기	100km
속성	물(水)	몸무게	가늠할 수 없음
특징	움직일 때마다 밀물썰물이 생김	나이	알 수 없음
		시대	고대

POWER | 파워지수

지능 / 주술 / 요술 / 자연조절 / 근력

33

해저*에 사는 거대한 요괴다. 인간들은 '대점어'라 부르기도 한다. 우리가 알지 못했던 아주 오래전부터 물 깊은 곳에서 살고 있었다. 그 크기가 매우 커서 물살을 바꾸고 지각을 흔들 정도로, 메기가 구멍 밖으로 나오면 물이 구멍 안으로 들어가 지상에는 밀물이 생기고, 구멍 안으로 들어가면 구멍 속 물이 밀려 나와 지상에는 썰물이 생긴다. 또한 메기가 물속에서 몸부림을 치면 거대 풍랑이 일어 뱃사람들이 곤욕을 치르기도 한다. 하지만 놀랍게도 메기는 자신으로 인해 그런 일이 일어나는지 모르는 천하 태평한 물고기이다.

옛날 순창에서는 이 요괴가 송아지를 삼키고 물 밑으로 숨었다가, 송아지 주인에 의해 그 모습이 드러나게 된 일이 있는데, 이로 인해 그 동네의 바위는 메기 바위, 마을 이름은 점암촌(鮎巖村)이 되었다고 한다.

* 해저 : 바다의 밑바닥

고관대면

이름	왕대두	이해관계	-1
종	귀신	출몰지역	숲속의 커다란 나무
분류	괴인-일반형-인귀형	키/크기	130cm
속성	나무(木)	몸무게	21g
특징	머리가 매우 큼 노려보면 사라짐	나이	500
		시대	조선

POWER | 파워지수

지능 / 주술 / 요술 / 자연조절 / 근력

19

인간들에게 '대괴면'이라고도 불리는 머리가 아주 큰 귀신이다. 얼굴은 주름이 많은 노파의 모습을 하고 있고 머리 위로는 머리만큼 크고 기다란 관을 쓰고 있다. 큰 머리에 높은 관까지 쓰고 있어 몸보다 머리가 차지하는 비율이 더 크며, 스스로도 자기 머리를 감당하지 못하여 평소에는 나무나 벽에 머리를 기대고 있다. 이 모습이 매우 기이하여 고관대면을 본 인간들은 거부감이 들고 소름 끼쳤다고 이야기하곤 한다.

이 귀신에게는 둘도 없는 친구가 있는데, 바로 귀신 홍난삼녀*다. 나이와 성별을 뛰어넘은 친구로 같이 다니면서 인간들을 겁주고 놀라게 하는 것이 둘의 취미이다.

홍난삼녀(홍난이)
고관대면과 항상 같이 다니는 여자 귀신으로, 녹색의 창백한 얼굴에 붉은 난삼을 입고 있는 것이 특징이다. 고관대면처럼 인간에게 직접적인 해를 끼치진 않지만, 비가 오는 날 대나무 숲에서 살며시 나와 인간들을 겁준다.

구렁덩덩신선비

Gurongdong

이름	구롱동	이해관계	0
종	요괴	출몰지역	도시, 주택가 등
분류	괴인-이형-돌연변이형	키/크기	180cm
속성	불(火)	몸무게	75kg
특징	구렁이 허물을 입었다 벗었다 할 수 있음	나이	17
		시대	조선

POWER | 파워지수

지능 / 주술 / 요술 / 자연조절 / 근력

22

뱀의 모습을 한 괴인이다. 어느 마을의 노파가 낳은 뱀으로 인간처럼 말을 할 수 있고 양팔이 달려있다. 구선비의 노란 눈과 비늘이 보이는 피부가 그를 인간이 아닌 뱀처럼 보이게 한다. 이름처럼 선비의 자세를 중요하게 생각해 항상 도포를 정갈하게 입기를 즐기며, 박식하고 책 읽기를 좋아한다.

구선비는 사랑하는 여자와 결혼하면 뱀 허물을 벗을 수 있다. 허물을 벗는 방법이 매우 특이한데, 아무도 안 보는 곳에서 간장과 밀가루에 차례로 들어가 몸을 적신 후 그것을 씻어내는 것이다. 허물을 벗은 모습은 매우 잘생기고 훤칠한 미남이다. 벗은 허물은 사랑하는 여자에게 사랑의 증표로 주는데, 이는 인간의 결혼반지와 같은 개념으로 이것을 잃어버리거나 소홀히 할 시 구선비는 자취를 감춰버린다.

귀수산

이름	귀수산	이해관계	+3
종	신수	출몰지역	동해
분류	신수-환수형	키/크기	45000cm
속성	나무(木)	몸무게	가늠할 수 없음
특징	등에 거대한 산을 짊어지고 있음	나이	1400
		시대	신라

POWER | 파워지수

지능
근력
주술
자연조절
요술
50

등에 거대한 산을 짊어지고 있는 거북이 신수다. 주로 동해에서 서식하며, 어떠한 메시지 혹은 계시를 전하기 위해 나타나기 때문에 평생에 한번 보기 어려운 존재이다. 등에 산을 짊어지고 있는 만큼 몸집이 매우 크며, 짊어지고 있는 암산 아래의 모습은 잘 드러내지 않고 평소에는 바다에 몸을 절반쯤 숨긴 채 섬처럼 바다를 떠다닌다. 귀수산은 매우 온순하며 자신을 공격하지 않는 이상 절대 해를 끼치지 않는다.

귀수산 등 위의 산속에는 다양한 동식물이 살고 있는데, 흔한 동물이나 식물이 아닌 살면서 한 번 볼까 말까 한 희귀한 존재들이 대부분이다. 신라 시대 전설의 피리인 만파식적(萬波息笛)*도 귀수산의 등에서 자라난 대나무로 만든 것이다. 이것 역시 희귀한 대나무로, 낮에는 둘로 나뉘고 밤에는 하나로 합쳐지는 모습을 보였다고 한다.

* **만파식적(萬波息笛) :** 나라의 모든 걱정과 어려움을 해결해 준다는 전설의 대나무 피리이다. 자세한 내용은 <한국 판타지 아이템 도감>에서 확인할 수 있다.

그림귀신

이름	그리미	이해관계	-1
종	요괴	출몰지역	그림이 있는 곳
분류	물괴-사물형-일체형	키/크기	150cm
속성	나무(木)	몸무게	0.8g
특징	눈코입이 뒤죽박죽	나이	287
		시대	조선

POWER | 파워지수

지능 / 주술 / 요술 / 자연조절 / 근력

19

밤마다 그림에서 나오는 귀신이다. 전국 어디든지 그림이 있는 곳이면 자유자재로 이동할 수 있으며 어둠이 짙어진 깊은 밤에 그림에서 나와 잠든 인간들을 깨워 놀라게 하는 것이 유일한 취미이다.

그림 안에서는 일반적인 여인의 모습이지만, 그림에서 나오는 순간 흉측하게 이목구비가 변한다. 눈코입은 뒤죽박죽으로 일그러진 형태이고, 몸 또한 불균형하고 부자연스러운 모습이다. 인간을 놀리는 것이 유일한 낙인지라 더 무섭게 자기 얼굴을 직접 그리기도 한다. 열심히 그려보려 하지만 손에 힘이 없어서 얼굴이 더 엉망이 되곤 하는데 오히려 무서움을 배로 만들어주기도 한다.

놀라게 하기만 할 뿐 직접적으로 해를 가하지 않지만, 그리미의 꺼림직한 모습만으로도 인간을 신경쇠약에 몰아넣을 수 있다. 밤중에 놀라고 싶지 않다면, 집에 있는 그림은 해가 질 때 뒤집어 놓도록 하자.

금돼지

HogKim

이름	김혹	이해관계	-2
종	요괴	출몰지역	경기도, 마산 월영도
분류	괴수-일반형-요술형	키/크기	167cm
속성	쇠(金)	몸무게	97kg
특징	사슴 가죽을 무서워함	나이	1200
		시대	신라

POWER | 파워지수

지능 / 주술 / 요술 / 자연조절 / 근력

43

황금빛의 몸을 가진 돼지 요괴다. 마산의 지하동굴 혹은 경기도의 산에 나타난다고 알려져 있다. 금돼지는 험상궂은 인상에 매섭게 솟아있는 아랫니가 인상적이며, 산적 같은 옷차림을 하고 있다. 겉모습만 돼지일 뿐 이족보행을 하며, 인간처럼 말을 하고 신통력을 가지고 있다. 금돼지는 이 신통력을 이용해 둔갑하고 기척을 지운 채 다니는데, 보통은 금돼지가 옆에 지나가도 알아채지 못한다. 이 점을 이용해 금돼지는 인간들을 납치하는데, 주로 여자들을 납치하고 그 여자들을 모두 아내로 맞이하는 것을 즐긴다.

　금돼지의 약점은 사슴 가죽으로, 사슴 가죽을 얼굴 앞에 들이밀기만 해도 기절하며, 이를 씹어서 금돼지 목덜미에 붙이면 퇴치할 수 있다. 신라 시대의 한 고을에 사또의 부인들이 매번 금돼지에 납치당하는 사건이 일어났고, 최충이란 자가 영리한 방법으로 금돼지의 약점을 알아내어 금돼지를 물리쳤다고 한다.

금혈어

이름	코라냐	이해관계	-2
종	요괴	출몰지역	바다
분류	괴수-이형-공상형	키/크기	6cm
속성	물(水)	몸무게	50g
특징	수백 마리씩 무리로 다님 고래도 잡아먹는 물고기	나이	400
		시대	조선 후기

POWER | 파워지수

지능
주술
요술
자연조절
근력
12

고래도 두려워하는 물고기다. 수백 마리씩 무리 지어 행동하며, 한 마리의 크기는 매우 작아 1~2치(약 3cm 정도)이다. 겉모습만 보면 귀여운 물고기로 보이나, 입을 벌리면 무시무시한 이빨이 자리 잡은 것을 볼 수 있다. 또한 비늘과 지느러미가 모두 예리한 칼처럼 날카로워 스치기만 해도 살이 베인다.

물속의 포식자로 고래고기를 가장 좋아하며, 먹이를 발견했을 때 그 누구보다 빠르게 헤엄치는데 그 모습이 전광석화처럼 빠르다고 한다. 금혈어는 고래와 마주치면 고래를 가운데 두고 팔(八)자 모양으로 진을 친 후 대열의 끝을 구부린다. 이를 피하지 못한 고래가 금혈어를 삼키면 날카로운 비늘과 지느러미로 인해 내장에 손상을 입고 배가 뚫려 죽게 된다. 금혈어 무리를 벗어나려 해도 다시 에워싸기 때문에 고래로서는 금혈어를 만나지 않는 것이 살아남을 수 있는 최고의 방법이다. 금혈어는 식욕도 어마어마해 고래를 다 먹기 전까지 절대 자리를 떠나지 않는다. 그래서 금혈어가 지나간 자리는 바다가 핏빛 색이라고 한다. 브라질에는 피라냐가 있듯이 우리나라에는 아주 오래전부터 금혈어가 있었음을 알 수 있다.

꺼먹살이

이름	꺼먹	이해관계	-1
종	요괴	출몰지역	산길
분류	괴인-일반형-이종형	키/크기	90cm
속성	달(月)	몸무게	15kg
특징	"나는 꺼먹살이"만 반복	나이	알 수 없음
		시대	근대

POWER | 파워지수

지능
근력 · 주술
자연조절 · 요술
14

"나는 꺼먹살이, 나는 꺼먹살이."만 반복하는 것이 특징인 요괴이다. 5살 아이 정도의 크기로 전체적으로 동글동글하며, 머리부터 발끝까지 까만 모습이다. 어두운 밤에만 나타나는데 동류*로 추정되는 어둑시니에게 의지하고 가끔 같이 다니기도 한다.

어두운 밤 꺼먹살이는 갑자기 나타나 사람들을 놀라게 하며 앞길을 막고, 도망치려 해도 "나는 꺼먹살이, 나는 꺼먹살이"만 반복하며 끈질기게 쫓아온다. 반면에 사람이 다가가면 오히려 움츠러들고 더는 따라오지 않는다. 자신을 겁내지 않고 담력이 강한 이들에게는 힘을 쓰지 못하는 것으로 보인다. 만약 꺼먹살이를 만난다면 겁내지 말고 의연하게 대처하도록 하자.

* 동류 : 같은 종류나 부류.

달토끼&항아

MoonRabbit & Haang-A

이름	문내빗	이해관계	+1	POWER | 파워지수
종	신수	출몰지역	달	
분류	신수-수련형	키/크기	200cm	
속성	달(月)	몸무게	90kg	49
특징	불로불사의 약을 만듦	나이	알 수 없음	
		시대	알 수 없음	

달에 사는 토끼 신수다. 인간들에게는 계수나무 밑에서 떡방아를 찧는 모습으로 많이 알려졌지만 사실 달토끼가 만드는 것은 떡이 아닌 불로장생을 이룰 수 있는 약이다. 이렇게 계수나무 아래에서 약을 제조할 때 달토끼 또한 해와 달의 정기를 흡수함으로써, 음양의 기운을 받아들인다. 약을 만들기 위한 교육을 철저히 받은 신수로, 불로장생약을 만드는 일에 큰 자부심을 가지고 있다. 평소에는 온순하지만, 자존심을 건드리거나 싸울 일이 생기면 과격하게 절구를 들고 싸운다.

이름	항아	이해관계	0	POWER | 파워지수
종	신령	출몰지역	달	
분류	신령-신형	키/크기	40cm	
속성	달(月)	몸무게	8kg	17
특징	과거 달의 여신 현재는 저주로 두꺼비	나이	알 수 없음	
		시대	알 수 없음	

원래는 달의 여신이었으나 어떤 사건으로 인해 두꺼비가 되었다. 현재는 달토끼와 둘도 없는 친구로 지내며 같이 달에서 생활하고 있다. 달의 여신이었을 때는 여러 능력과 힘을 가지고 있었지만, 저주를 받아 두꺼비가 된 지금은 그냥 맘 편하게 생활하는 편이다.

대구귀

Motnani

이름	못나니	이해관계	-1	POWER | 파워지수
종	귀신	출몰지역	주택가	
분류	괴인-일반형-인귀형	키/크기	50cm	지능
속성	나무(木)	몸무게	21g	근력 / 주술
특징	얼굴에 관한 콤플렉스가 심함	나이	27	**15**
		시대	조선	자연조절 / 요술

얼굴만 둥둥 떠다니는 귀신이다. 태어날 때부터 남들과는 달리 입과 눈이 매우 크고 괴상했으며, 그 생김새가 말뚝이탈과 같았다. 이러한 외모로 인해 평생 조롱과 놀림의 대상이었다.

성인이 되고 난 이후에도 얼굴 때문에 마땅한 직업을 가질 수 없어 광대로 살았다. 자기 얼굴과 삶에 대한 원망이 날이 갈수록 커지던 중 광대 일을 끝내고 집으로 돌아가던 어느 날, 돈을 갈취하려던 강도에 의해 살해당했다. 살해당하는 순간, 강도조차도 얼굴을 보고 놀라는 모습에 얼굴에 대한 상처가 죽으면서까지도 남았다. 그래서 얼굴만 둥둥 떠다니는 괴기한 귀신이 되었다.

대구귀는 인간이 혼자 있을 때 지독한 냄새를 풍기며 나타나 그저 뚫어지게 쳐다본다. 해를 끼치지 않는데도 불구하고 사람들은 대구귀의 모습에 기겁하고 도망가거나 기절한다. 하지만 얼굴을 보고 놀라는 것은 대구귀를 자극할 뿐이니 태연하게 대처해야 한다. 대구귀를 마주치고 싶지 않다면 혼자 다니지 말자.

44

두두리 Duduri

이름	두두리	이해관계	+3	POWER | 파워지수
종	신령	출몰지역	경주 일대	
분류	신령-신형	키/크기	3000cm *크기변형가능	
속성	나무(木)	몸무게	23t	63
특징	그 어떤 신보다 건축에 뛰어남	나이	2400	
		시대	신라	

POWER 항목: 지능, 주술, 요술, 자연조절, 근력 / 63

나무신령으로 '두두을'이라고도 하며, 절굿공이의 신으로도 여겨져 '목매', '목랑' 등으로도 불렸다. 다리나 우물 등 건축에 능한 재주를 가지고 있어서 신라 시대에는 하나의 수호신으로 여겨진, 인간들로부터 숭배받던 신령이다.

두두리에 관한 설화와 기록이 많이 남아있는데, 대표적으로는 옛 문헌에 비형랑이라는 자가 두두리와 귀신무리를 부려 하룻밤 만에 다리를 세우고, 연못을 메워서 영묘사 3층 불전을 만들었다는 기록이 있다.

본체가 나무이기 때문에 쉽게 여기저기 다닐 수는 없지만, 손과 같은 나뭇가지로 모든 것을 할 수 있다. 머리카락과 같이 풍성한 나뭇잎이 특징이며, 가면을 쓴 것처럼 날카로운 이빨에 매서운 얼굴을 하고 있다. 두두리는 인간들에게 맛있는 음식으로 가득 찬 제사상을 받는 것을 좋아하며, 인간들은 두두리에게 제사상을 차려주고 여러 가지 도움을 받기도 한다.

이름	뿔닭	이해관계	-1	POWER | 파워지수
종	요괴	출몰지역	닭장, 산속 등	
분류	괴수-이형-공상형	키/크기	평균 90cm	
속성	쇠(金)	몸무게	평균 10kg	
특징	일정 시기가 되면 성별이 변함	나이	평균 300살 이상	
		시대	개체마다 다름	

파워지수: 지능, 주술, 요술, 자연조절, 근력 — 18

머리에 엄지손톱 크기의 뿔을 가진 괴물 닭이다. 뿔닭은 조선 시대부터 존재하던 괴물 닭으로 머리 위에는 작은 뿔이 나 있고, 벼슬과 부리 밑의 아랫볏 또한 일반 닭과 달리 심상치 않은 모습을 하고 있다. 또한 특이하게도 일정 시기가 되면 암컷이 수컷으로 변한다.

조선 시대의 기록에 암컷이었던 닭이 수컷이 되었단 기록을 종종 발견할 수 있는데, 이 기록 속 주인공이 바로 이 닭이다. 이처럼 특이한 외모와 능력을 갖춘 이 닭은 사실 인간 세상이 아닌 다른 세계의 닭으로, 가지고 있는 능력에 비해 지능이 그리 높지 않다. 종종 자신도 모르게 인간 세상으로 넘어와 혼란을 주곤 한다.

인간 세상에서는 보통 일반 닭들 속에 숨어 지내는데 병을 옮기고 다니기 때문에 갑자기 집에 아픈 사람이 생긴다면 기르는 닭들을 확인해봐야 한다.

마명조

이름	마명	이해관계	0
종	요괴	출몰지역	들판과 산 사이
분류	괴수-이형-돌연변이형	키/크기	110cm(꼬리 포함)
속성	물(水)	몸무게	70g
특징	꼬리가 매우 김 눈이 3개	나이	262
		시대	조선

POWER | 파워지수

지능 / 주술 / 요술 / 자연조절 / 근력
8

불어오는 비바람에도 날개를 못 가눌 만큼 작고 연약한 새 요괴다. 마명은 매우 연약하여 가끔 큰 새들의 날갯짓에도 원래 가려던 방향에서 멀어지기도 한다. 오동통하고 작은 몸은 귀엽긴 하지만 한 번 넘어지면 일어나기 힘들어 한참을 버둥대곤 한다. 힘들어하는 마명의 모습을 다른 요괴들은 매우 귀여워한다.

마명은 꼬리가 몸길이에 10배나 되는 길이로 매우 긴 것이 특징이다. 또한 특이하게도 눈이 3개로 2개의 눈은 평범하게 보는 역할을 하는데, 또 다른 하나의 눈은 숨겨진 일을 한다고 한다. 중요한 건 또 다른 눈이 어떤 경우에 쓰이는지를 마명 자신도 잘 모르는 듯하다.

무두귀

이름	무두귀	이해관계	-1
종	귀신	출몰지역	개체마다 다름
분류	괴인-일반형-인귀형	키/크기	평균 137cm
속성	쇠(金)	몸무게	21g
특징	머리가 없어도 의사소통 가능	나이	개체마다 다름
		시대	개체마다 다름

POWER | 파워지수

지능 / 주술 / 요술 / 자연조절 / 근력

24

머리가 잘려 죽은 귀신으로, 머리가 없는 모습 그대로 나타난다. 목이 잘려 죽은 병사, 억울하게 옥살이 중 목이 잘린 여인 등이 이러한 무두귀가 된다. 임진왜란(1592~1598년)과 병자호란(1636~1637년)이 일어난 시기에 무두귀가 많이 생겼다.

무두귀는 머리가 없어도 보고 듣는 데는 문제가 없다. 단지 말을 하지 못하기에 몸짓으로 주로 대화를 시도한다. 자기 머리를 찾기 위해 밤에 나타나 돌아다니는 무두귀의 모습은 소름 끼치게 무섭다고 한다. 한 가지 더 무서운 점은 근처에 있는 인간을 병들어 죽게 만든다는 것이다. 머리가 없는 무두귀의 모습에 귀신과 요괴들조차 아무도 옆에 다가오려 하지 않기 때문에, 무두귀는 항상 혼자 외롭게 다닌다.

무턱귀

이름	노자	이해관계	-1	
종	귀신	출몰지역	우물가 근처	
분류	괴인-일반형-인귀형	키/크기	159cm	
속성	나무(木)	몸무게	21g	
특징	쓰개치마로 얼굴을 가리고 다님	나이	350	
		시대	서시 43년 수로왕	

POWER | 파워지수

지능 / 주술 / 요술 / 자연조절 / 근력

16

턱이 없는 귀신이다. 말 그대로 입 아래의 하관, 턱이 없다. 혀를 받쳐줄 하관이 없으니 길고 긴 혀는 바닥을 향해 늘어져 있으며, 혀와 함께 침이 줄줄 흐른다. 평소에는 쓰개 치마로 눈만 드러낸 채 얼굴을 가리고 있어, 무턱귀가 옆에 지나가도 일반적인 인간은 무턱귀인지 모르는 경우가 대다수다.

이처럼 무턱귀는 인간들 사이에서 함부로 자신이 귀신임을 밝히지 않는다. 사람이 많이 모인 어느 날 밤 군중 속에 숨어들어 "물 좀 주시오."라는 말을 한 뒤, 누군가가 물을 주면 쓰개치마를 벗고 한 번에 인간들을 놀라게 한다. 그 외에 나쁜 짓을 하진 않지 만, 턱이 없이 혀를 길게 늘어뜨린 모습만으로도 인간들에게는 두려우니, 나쁘다고 여 겨질 만하다. 사실 사람들을 놀라게 하는 재미로 이승을 전전하는 귀신이기도 하다.

백발노인

이름	백옹	이해관계	-2
종	귀신	출몰지역	강원도 삼척
분류	괴인-일반형-인귀형	키/크기	165cm
속성	흙(土)	몸무게	21g
특징	부사를 한눈에 알아보고 죽임	나이	89
		시대	고려

POWER | 파워지수

지능 / 주술 / 요술 / 자연조절 / 근력

38

강원도 삼척에 나타난다고 알려진 귀신이다. 고려 시대 공양왕이 삼척에서 죽은 이후부터 삼척에는 귀신들이 자주 나타났다. 백발노인도 그중 하나로, 백발노인이 나타나기만 하면 그 고을의 부사*가 죽었다. 백발노인은 한눈에 부사를 알아보는 능력이 있다. 소리 없이 부사의 집무실 창밖에 나타나 쓱 보고 지나가는데, 이때 눈이 마주치면 죽는다고 한다. 백발노인이 부사를 한눈에 알아보는 것처럼, 백발노인은 부사의 눈에만 보인다. 생김새와 옷차림은 일반 노인과 같아 귀신인지 사람인지 구분하기 힘들지만, 사람과는 달리 흰자와 검은자가 바뀐 백발노인의 눈과 분위기가 그를 귀신이라고 느끼게 한다. 백발노인은 고지식하고 옛날 어른이라 어리고 버릇없는 귀신들의 예절 교육을 담당하며, 비슷한 성격의 매화노인과 아주 절친한 사이로 가끔 삼척을 벗어나 매화노인을 만나러 간다.

---

* 부사 : 고려·조선 시대 지방 장관직

이름	백호	이해관계	+3*	POWER | 파워지수
종	신수	출몰지역	서쪽 하늘	
분류	신수-환수형	키/크기	5000cm *크기변형가능	
속성	쇠(金)	몸무게	30t	
특징	서쪽의 하늘과 별을 수호 위계질서를 중요시함	나이	알 수 없음	
		시대	알 수 없음	

서쪽의 하늘과 별을 수호하는 신수다. 백호는 계절로는 가을, 색은 백색을 상징하며 금의 기운을 가지고 있다. 오묘한 빛이 도는 하얀색의 털에, 수놓은 듯한 검은색의 무늬가 백호의 가장 큰 특징이다. 하늘의 신수로서 날아다닐 수 있으며 겨드랑이와 뒷다리에는 날개와 같은 하얀빛이 나타난다. 요즘에는 하얀 털을 가진 호랑이를 일반적으로 백호라 부르지만, 옛 문헌과 기록을 보면 백호는 상서로운 힘을 지니고 있으며 천수를 누리는 영험한 동물로 자주 묘사된다. 그래서 고구려 고분벽화 등에서는 일반적인 호랑이의 모습이 아닌 흡사 용과 비슷한 모습의 상상 속 동물로 묘사되어 있기도 하다. 민화 속에서도 백호는 산신과 함께 그려지며, 신성함을 강조해 산신 그 자체로 여겨지기도 했다.

하늘의 신수로 신을 엄중히 모시며, 위계질서를 중요하게 생각한다. 사방신 중 청룡과 의견 마찰을 빚을 때가 종종 있으나 그 누구보다 사방신으로서 자부심을 가지고 있으며 신수들을 아낀다.

벼락신장

이름	강번개	이해관계	0*	POWER | 파워지수
종	신령	출몰지역	옥황궁	
분류	신령-신형	키/크기	400cm *크기변형가능	
속성	불(火)	몸무게	300kg	
특징	벼락과 천둥의 신 벼락몽둥이를 사용	나이	알 수 없음	
		시대	알 수 없음	

POWER 파워지수: 지능, 주술, 요술, 자연조절, 근력 — 85

벼락과 천둥의 신이다. 옥황상제와 용왕 등 신들의 명을 받아 천둥·번개를 일으키고 벼락을 내린다. 신장* 중 최고의 위치로 벼락신장이 내리는 천둥·번개는 신들의 노여움에 의해 비바람이 몰아칠 것을 알리는 예고이며, 벼락은 죄지은 자들을 벌하는 것이다.

벼락과 같은 성정을 가지고 있어 다혈질이고, 옳지 못한 것을 보면 참지 않는다. 이러한 성정이 얼굴에 그대로 드러나 인상이 매우 강한 느낌을 준다. 벼락처럼 솟아 있는 머리카락과 눈썹도 강한 인상에 한몫한다. 벼락신장이 등장할 때는 회오리와 같은 검은 구름이 몰아치고 굉장한 소리가 나서 소리만 들려도 나쁜 인간들은 겁을 낸다고 한다. 신장으로서 항상 갑옷을 갖춰 입고 있으며, 한 손에는 벼락몽둥이*, 다른 손으로는 불을 이용해 죄지은 자들을 벌한다.

* **신장 :** 신들의 군인으로, 요사한 귀신이나 악귀들을 물리쳐주며 신들을 보호하는 역할을 한다.
* **벼락몽둥이 :** 벼락신장이 인간들을 벌할 때 사용하는 도구이다. 자세한 내용은 <한국 판타지 아이템 도감>에서 확인할 수 있다.

삼두구미

이름	삼두구미	이해관계	-2
종	신령	출몰지역	깊은 산의 땅속
분류	신령-신형	키/크기	190cm
속성	흙(土)	몸무게	108kg
특징	머리가 셋, 꼬리가 아홉 팔다리가 분리됨	나이	알 수 없음
		시대	알 수 없음

POWER | 파워지수

지능 / 주술 / 요술 / 자연조절 / 근력 — 60

머리가 셋에 꼬리가 아홉인 괴물로, 원래는 땅속으로 인도하는 지신(地神)으로 여겼으나 신성성이 많이 떨어져 땅귀로 취급되기도 한다. 인간을 잡아먹거나 묘지의 시신을 먹는다. 사실 삼두구미는 죽음 그 자체의 신으로 저승사자가 정해진 죽음을 이행하기 위해 존재한다면, 삼두구미는 언제 닥칠지 모르는 예측할 수 없는 죽음이라 할 수 있다.

죽음 그 자체인 삼두구미의 유일한 약점은 죽음의 범위 안에 들 수 없는 혹은 그러기 애매한 것들로, 달걀, 버드나뭇가지, 강철이 그것이다. 이들을 이용해 삼두구미를 물리친 설화가 바로 <삼두구미본풀이>다. 삼두구미는 잔인하고 흉포한 성정을 가지고 있어 특정한 지역에서는 삼두구미의 화를 피하고자 의식을 주기적으로 행한다.

삼두구미는 긴 백발 머리, 붉은 눈, 날카로운 이빨이 특징으로 흡사 파충류 같은 모습이며 흉악한 분위기를 자랑한다. 가끔 인간의 모습으로 둔갑하기도 한다. 특이하게도 팔다리가 분리되고, 먼 곳에 있더라도 "내 다리야!" 혹은 "내 팔아!"라 부르면 대답하며 돌아온다.

제주도 설화 <삼두구미본풀이>

제주도에서 묘를 옮길 때, 무덤 안의 시신을 파먹는 귀신인 삼두구미를 퇴치하기 위해 불렀던 본풀이이다. 나무꾼과 그의 세 딸, 삼두구미 사이에 일어난 일을 이야기하며, 삼두구미가 딸들에게 신부의 조건으로 자기 팔다리를 먹게 하고, 그녀들을 죽이는 등 삼두구미의 무서움과 잔인한 면모가 잘 드러나 있다.

삼신할머니

SamshinGranny

이름	당금이	이해관계	+3*	POWER | 파워지수
종	신령	출몰지역	도시, 주택가 등	
분류	신령-수련형	키/크기	168cm	
속성	흙(土)	몸무게	56kg	
특징	산모와 아기를 보호하는 신	나이	알 수 없음	
		시대	알 수 없음	

아이를 점지하고 출산까지 도와 산모와 아기를 보호하는 신으로, 아이와 산모에게 함부로 대하는 이들에겐 가차 없이 차가운 모습을 보이며 벌을 준다. 모든 아기들의 어머니와 같은 신이라고 할 수 있다.

원래는 명진국*의 처녀였으며 출산을 돕는데 재능을 보여 동해 용왕의 눈에 띄었다. 동해 용왕은 이 처녀에게 벌을 받아 인간 세상으로 내려간 자기 딸과 꽃을 피우는 경합을 시켰다. 명진국 처녀가 이김으로써 삼신할머니가 되었고, 동해 용왕의 딸은 저승의 저승할머니가 되었다.

삼신할머니는 편한 복장에, 얼굴은 은은하게 미소를 띤 푸근한 인상을 준다. 한 손에는 생명을 의미하는 생불꽃*을 들고 있고, 다른 한 손에는 아기들의 탯줄을 잘라주는 은가위*를 들고 있다. 그녀의 주위에는 항상 번성꽃*과 생불꽃이 아름답게 피어있으며, 따뜻한 기운이 흘러넘친다.

* **명진국** : 강남천자국(천자가 다스리는 크고 넓은 나라)에서 천태산 너머 쪽에 존재하는 미지의 작은 나라
* **생불꽃** : 삼신할머니가 아이를 잉태할 때 사용하는 꽃이다.
* **은가위** : 삼신할머니가 사용하는 은가위로, 출산을 도울 때 사용한다.
* **번성꽃** : 삼신할머니가 동해 용왕의 딸과 경합에서 피운 꽃이다.

삼족오

이름	삼족오	이해관계	+3*	POWER | 파워지수
종	신수	출몰지역	해	지능
분류	신수-환수형	키/크기	500cm *크기변형가능	주술
속성	해(日)	몸무게	1.2t	68
특징	다리가 세 개	나이	알 수 없음	자연조절 / 요술
		시대	알 수 없음	근력

태양 안에 사는 신성한 까마귀 신수로, 다리가 셋이라 삼족오라 불린다. 삼족오의 세 다리는 각각 중요한 의미를 담고 있다. 첫 번째 다리는 밤이 지난 후 아침을 알리는 떠오르는 태양. 두 번째 다리는 해가 가장 높게 뜨는 정오의 태양. 세 번째 다리는 하루를 마무리하는 모습의 저무는 태양이다.

삼족오는 '금오' 혹은 '준오'라고도 불리며, 하늘의 일을 전하고 어디든 날아갈 수 있는 자유의 상징이기도 하다.

삼족오는 윤기 나는 검은색의 큰 날개와 함께 갈기처럼 보이는 금빛 불꽃을 휘날리며 날아다닌다. 가끔 지상에서 태양을 볼 때 검은 점이 보일 때가 있는데, 이는 삼족오가 태양 위를 날아다니는 것이 점처럼 보이는 것이다. 이러한 삼족오를 옛사람들은 천상의 신들과 인간세계를 연결할 수 있는 신성한 길조라 생각하였고, 특히 고구려에서는 국가의 상징으로 여러 곳에 사용할 만큼 신성시했던 것으로 보인다.

상심

이름	상심	이해관계	▲
종	신령	출몰지역	경주 남산
분류	신령-신형	키/크기	172cm
속성	달(月)	몸무게	61kg
특징	경주 남산의 산신 춤과 노래를 사랑함	나이	1200
		시대	신라

POWER | 파워지수

지능, 주술, 요술, 자연조절, 근력
55

신라 시대의 산신(山神)이다. 경주 남산에 사는 신령으로, 이상한 모양의 모자와 그 시대에서는 볼 수 없는 특이한 스타일의 옷을 입고 있었다고 한다. 특이한 복장과 더불어 긴 백발과 허리까지 내려오는 하얀 수염은 그를 더욱 튀어 보이게 만든다.

상심은 노래를 부르고 춤추는 것을 좋아하는데, 주로 부르는 노래는 '지리다도파도파'이다. 이는 "지식과 지혜로 나라를 다스리는 사람은 이미 알고 다 도망하였으니 장차 도읍이 깨어진다."라는 뜻으로 무언가를 경계하라는 의미의 노래이다. 이렇게 상심은 사람들 앞에 나타나 알아들을 수 없는 말들을 하며 춤을 추는데, 특정한 이들의 눈에만 이 모습이 보인다고 한다. 실제로 신라 시대 49대 왕인 헌강왕 앞에 나타나 앞서 말한 내용의 노래를 부르며 춤을 췄는데, 옆의 신하들은 이 모습을 보지 못했다고 한다. 이때 헌강왕이 본 모습이 전해져 상심의 존재가 알려지게 되었다.

석복

이름	석복	이해관계	▲	POWER | 파워지수
종	귀신	출몰지역	장독대*	
분류	괴인-일반형-인귀형	키/크기	155cm	
속성	해(日)	몸무게	21g	
특징	장독대와 한몸 김치를 싫어함	나이	10	
		시대	조선	

POWER 파워지수 (지능, 주술, 요술, 자연조절, 근력) — 20

장독에 빠져 죽은 10살 아이 귀신이다. 옛날 석복이란 아이가 있었다. 석복이는 새어머니로부터 보살핌을 받지 못했을뿐더러 잘 먹지도 못했다. 어느 날 배가 고팠던 석복이는 혼자 밥을 차려 먹기 위해 김치를 가지러 장독대로 갔다. 하지만 잘 먹지 못한 어린 아이의 마른 몸에 비해 장독은 너무 컸고, 석복이는 김치를 꺼내려다 그대로 장독 안에 빠져버렸다. 새어머니는 그것을 발견하고 꺼내주기는커녕 그대로 장독 뚜껑을 닫아버렸고, 그렇게 석복이는 그 안에서 죽어갔다. 석복이가 죽은 후 새어머니가 시체를 꺼내 딴 곳에 묻었으나, 혼은 장독에 메여있다.

그 이후로 석복이는 장독에서 벗어나지 못하는 귀신이 되었고 자신의 한을 풀어줄 이를 장독에서 기다리고 있다. 장독대에 인기척이 느껴지면 말을 걸어 자신의 한을 풀어달라 요청하고, 그것을 이뤄준 이에게는 모든 것이 잘되도록 도와준다.

* **장독대 :** 장류가 담긴 독과 항아리 등을 놓아두는 곳

소여구아

이름	소여구아	이해관계	▲
종	요괴	출몰지역	개체마다 다름
분류	물괴-사물형-일체형	키/크기	72cm/180cm
속성	나무(木)	몸무게	8.7kg/30kg
특징	마음가짐에 따라 다르게 탄생	나이	414
		시대	조선

POWER | 파워지수

지능 / 주술 / 요술 / 자연조절 / 근력 — **14**

나무로 만든 작은 조랑말 기계다. 사람이 사념(思念)*을 담아 만든 존재로, 선한 마음을 담아 만들면 장난감처럼 귀엽고 순한 모습으로 탄생하며 쉽게 움직일 수 있다. 하지만 전쟁 혹은 계략을 위해 만들면 악한 마음이 반영되어 매서운 모습을 띠고, 원하는 만큼 잘 움직여주지 않는다.

중국 삼국 시대에 제갈량이 만든 목우유마(木牛流馬)*를 참고하여 만들어진 것으로, 한국에서는 조선 시대에 이성석(李聖錫)이라는 자가 처음 만들었다. 그는 재주를 자랑하고 오만하게 행동하여 오활하고 괴이한 자라고 불렸다고 한다. 이성석 말고는 아무도 소여구아를 제대로 만들지 못했다고 하니, 소여구아가 만들기 힘든 존재였으며 이성석은 뛰어난 공예가였음은 분명하다.

* **사념(思念)** : 근심하고 염려하는 따위의 여러 가지 생각
* **목우유마(木牛流馬)** : 중국 삼국 시대에 제갈량이 식량을 운반하기 위하여 말이나 소의 모양으로 만든 수레. 기계 장치를 만들어 움직이게 하였다.

솟대

이름	솟대	이해관계	+2
종	요괴	출몰지역	시골 마을 입구
분류	물괴-사물형-일체형	키/크기	40cm
속성	물(水)	몸무게	2kg
특징	장승 부부의 소식통 화마를 막아줌	나이	4355
		시대	마한

POWER | 파워지수

지능
근력 / 주술
자연조절 / 요술
25

장대와 나무로 조각한 새를 결합한 것으로, 액을 막고 농사가 풍요롭기를 바라는 사람들의 마음이 담겨있다. 보통 장승을 만들 때 같이 만들어지며, 만들어진 후에도 마을 입구에 함께 세워진다. 솟대 위의 새는 대부분 오리로 제작되는데, 물새류인 오리가 농사에 필요한 물을 가져다주고 물에서 놀고 잠수하는 새라서 홍수가 나도 죽지 않기에 마을이 화마(火魔)*에 잠기는 것을 막아준다고 믿었기 때문이다. 평소에는 조각의 모습 그대로 움직임 없이 있으나 때때로 장대 위를 벗어나 날아다니며 마을을 돌아보고, 마을이 위급한 상황에 놓였을 때는 장승 부부에게 소식을 전해주는 역할을 한다. 마을에 불이 났을 때는 이것이 번지지 않도록 막는 일도 한다.

* 화마 : 화재를 마귀에 비유하여 이르는 말

신거무

이름	신거무	이해관계	-2	POWER | 파워지수
종	귀신	출몰지역	전라남도 장성군	
분류	괴인-이형-돌연변이형	키/크기	185cm	
속성	달(月)	몸무게	21g	
특징	얼굴이 거미의 모습	나이	17	
		시대	조선	

태어날 때부터 얼굴이 거미의 모습이었다. 흉측한 거미의 얼굴로 태어나 아무도 그를 가까이하지 않았고, 사람들은 신거무를 무서워하며 따돌리고 괴롭혔다. 어릴 적부터 외톨이로 지낸 신거무의 마음은 점점 삐뚤어져 갔고, 결국 악당으로 이름을 떨치게 되었다. 나쁜 짓을 일삼고 다녀도 신거무의 힘이 장사 같아 고을의 원님조차 그를 함부로 잡고 벌하기가 힘들었다. 그러던 어느 날, 자신의 악행을 막기 위해 내려온 한 현감에게 죽임을 당하였다.

죽은 후에는 자기 얼굴 그대로 거미가 되었고, 자신을 죽인 현감에게 바로 복수하였다. 거기서 그치지 않고 귀신의 모습으로 장례식까지 쫓아가 복수하려 했으나, 죽은 현감을 타박하는 현감 아버지의 모습을 보고 마음을 바꿨다. 마음을 바꿨을 뿐 악한 마음과 원한은 사라진 것이 아니기 때문에 아직 신거무의 저주는 계속된다고 한다.

얼굴로 인해 모두가 자신을 꺼린다는 것을 알고 있다. 그래서 얼굴에 대한 콤플렉스가 심하며 얼굴을 보고 놀라거나 조금이라도 표정을 찡그리는 인간에게는 가차 없이 복수한다. 다른 귀신들과도 사이가 좋진 않으며 특히 얼굴귀신, 대구귀, 무턱귀 등 얼굴과 관련된 귀신들과는 더욱더 그러하다.

신기원요

이름	신기원요	이해관계	-1
종	귀신	출몰지역	평안도 어느 집
분류	괴인-일반형-인귀형	키/크기	167cm
속성	달(月)	몸무게	21g
특징	온몸이 조각조각 분리됨 장난이 취미이자 특기	나이	15
		시대	조선

POWER | 파워지수

지능 / 주술 / 요술 / 자연조절 / 근력

23

처녀 귀신 중 하나로, 사지가 분리되어있다. 살아생전 15살 때 괴한에게 큰 돌멩이로 사지가 눌려 죽어 사지가 분리되는 귀신이 되었다. 어린 나이에 억울하게 죽었기에 한이 매우 깊으며, 자신의 한을 풀어줄 이를 찾아 매일 밤 사람들 앞에 모습을 드러낸다.

천장의 대들보 사이에서 한기를 내뿜으며 나타나 분리되어있는 팔, 다리, 몸통, 머리를 대들보 사이로 하나씩 떨어뜨린다. 사지가 모두 바닥으로 떨어지고 나면 그것들이 서로 이어져 완전한 사람의 형태로 된다.

사람의 모습일 때는 백옥같은 피부를 가진 아름다운 여인의 모습이다. 해를 끼치진 않지만, 사지가 분리되어있는 모습에 일반 사람들은 신기원요가 나타나기만 해도 놀라서 실성하거나 죽는다. 가끔 사람들이 놀라는 모습을 즐기며 일부러 장난을 치기도 한다.

신록

이름	신록	이해관계	+1
종	신수	출몰지역	한산, 웅진 등 북쪽 산
분류	신수-환수형	키/크기	200cm
속성	해(日)	몸무게	120kg
특징	만나면 좋은 일이 생김	나이	1450
		시대	신라, 백제 등

POWER | 파워지수

39

지능 / 주술 / 요술 / 자연조절 / 근력

신성한 사슴 신수다. 금색에 가까운 황금색을 띠며, 일반 사슴과는 다른 모습을 하고 있다. 신록의 뿔은 흡사 구름과도 같은 모양을 하고 있으며 그려놓은 듯한 화려한 모습이 특징으로, 이 뿔은 하늘과 땅을 이어주는 매개체이자 통로이다. 가끔 하늘에서 옥황상제의 아들이 신록으로 변해 지상으로 산책을 내려오기도 한다.

신록은 일반인에게는 쉽게 보이지 않으며, 신록을 보면 좋은 일이 생긴다고 알려져 있다. 신라 시대에 숙명공주가 꿈에 신록을 보고 보통 사람보다 뛰어났던 보리공을 낳았으며, 신라 말의 서신일이란 사람은 화살을 맞은 신록을 구해주고 자식들까지 재상이 되는 복을 받았다고 한다. 또한 백제에서, 특히 지금의 한강과 금강 사이 지역에서 신록이 많이 보였다는 기록이 있다.

외양간신

이름	반신	이해관계	+2*	POWER | 파워지수
종	신령	출몰지역	외양간	
분류	신령-신형	키/크기	200cm	
속성	나무(木)	몸무게	149kg	
특징	소와 말 등 가축을 관장하는 신	나이	알 수 없음	
		시대	알 수 없음	

가택신 중 하나로, 외양간이나 마구간에 머물며 소와 말을 관장하는 가축신으로 '마부왕'이라고도 한다. 외양간신은 소와 말에게 잡귀와 악귀가 들러붙지 않도록 하며, 가축들을 함부로 대하는 이들에게 벌을 내린다.

원래 외양간신은 옥황상제의 아들이었다. 하지만 식사할 때 곡식을 소중히 여기지 않고, 잘못을 반성하지도 않는 모습에 화가 난 옥황상제가 외양간신을 소로 만들어 지상으로 귀양을 보냈다. 인간 세상에서 소의 모습으로 온갖 고생을 겪은 외양간신은 소의 중요성을 알게 되었고, 귀양이 끝난 후 외양간신이 되어 소를 지키게 되었다.

우리나라는 예부터 농경사회로 소가 하나의 귀중한 재산으로 여겨졌다. 그런 귀중한 소를 보호하는 신이기에, 외양간신도 중요한 신으로 모셨으며, 지방에 따라 여러 가지 모습으로 묘사되는데 '구능장군', '쇠구영신', '구용신'으로 불리기도 한다.

우렁도령

이름	우렁(남)	이해관계	+1
종	요괴	출몰지역	논밭
분류	괴수-일반형-요술형	키/크기	7cm/인간 165cm
속성	불(火)	몸무게	20g/인간 60kg
특징	가사능력에 매우 뛰어남 특히 밭일	나이	421
		시대	조선

우렁각시가 있다면 우렁도령도 있다. 자아를 가지고 있던 우렁이가 오래 삶으로써 이지(理智)*를 갖게 되었다. 우렁각시와 마찬가지로 가사 능력이 뛰어나며, 차이가 있다면 힘쓰는 일에 좀 더 최적화되어있다.

　우렁도령은 평소에는 등껍질 속에 숨어있다가 마음에 드는 이가 나타나면, 말을 걸어 자신을 집으로 데려가도록 유도한다. 그렇게 사람의 집에 들어가면 있는 듯 없는 듯 조용히 지내고, 아무도 없을 때만 몰래 나와서 집안일을 하고 사라진다. 우렁도령이 가장 좋아하는 일은 텃밭을 가꾸고 자신이 직접 기른 채소로 밥상을 차리는 것이다.

* **이지(理智) :** 이성과 지혜를 아울러 이르는 말.

유인수

이름	유인수	이해관계	-2	
종	요괴	출몰지역	충청남도 논산	
분류	괴수-이형-공상형	키/크기	2000cm	
속성	달(月)	몸무게	1t	
특징	원하는 형태로 몸을 바꿀 수 있음	나이	1463	
		시대	조선	

사람을 꾀어내는 요괴다. 깊은 물 한가운데에 있는 구멍 속에 머무르며, 지나가는 사람에게 원하는 것을 보여주고 물속으로 들어오도록 꾀어낸다. 남자가 지나가면 여자를, 여자가 지나가면 남자를 보여주는데, 이처럼 필요한 것 혹은 원하는 것을 보여주며 자신의 손아귀에 사람이 들어오도록 한다. 아마도 순간적으로 사람의 마음이 가장 흔들리기 쉬운 존재를 보여주며 꾀어내는 듯하다.

유인수의 환각에 속아 물속으로 끌려 들어가면 날카로운 이빨로 둘러싸인 블랙홀 같은 유인수의 입이 기다리고 있다. 보통은 지나가는 사람을 유인해 바로 입속으로 넣어버리지만, 가끔 배가 부르면 물속 깊은 곳에 그대로 처박아 두기도 한다.

해수면 아래 숨겨져 있는 유인수의 모습은 흡사 해파리와 유사하다. 지나가는 물고기가 보일 정도로 투명한 주황빛 피부에 촉수 같은 다리가 무시무시하다. 가자미 같이 쏠린 눈은 투명한 피부 속에 숨겨져 있으며 사람이 지나갈 때는 귀신같이 알아채고 눈을 번뜩인다. 혹시 누군가가 물 위의 무언가에 시선을 뺏긴 듯하면 다가가서 말을 걸어 구해주도록 하자.

이죽이병

이름	이죽이	이해관계	▲	POWER	파워지수
종	요괴	출몰지역	경주 죽현릉 근처		
분류	물괴-자연물형-생물형	키/크기	35cm/전사 107cm		
속성	나무(木)	몸무게	200g/전사 30kg		
특징	평소에는 죽순, 전투시에는 전사로	나이	1725		
		시대	신라		

지능 / 주술 / 요술 / 자연조절 / 근력 — 35

대나무 정령이다. 평소에는 죽순인 척 숨어있다가 나라에 적이 쳐들어오거나 나쁜 이들을 발견하면 전사로 변신한다.

실제로 신라 시대 나라를 위협하는 적군이 침입했을 때, 귀에 대나무를 꽂고 있는 병사들이 나타나 싸우고 사라졌으며 사라진 자리에는 대나무만 남아있었다는 기록이 있다. 이 기록의 주인공이 바로 이죽이병으로, 지금도 이죽이병은 인간들이 모르게 대나무숲 어딘가에 숨어있다.

이죽이병은 눈이 한 개로, 이는 죽순일 때와 전사형일 때 모두 그러하다. 죽순일 때는 주로 땅에 몸을 반쯤 숨긴 채 주위를 주시하고 있으며, 움직여야 할 경우에만 몸을 드러내고 네 발로 움직인다. 이렇게 죽순으로 있다가도 싸워야 할 상황에선 전사형으로 순식간에 변신할 수 있고, 전투가 끝난 후엔 눈 깜짝할 새에 사라진다. 전사형일 때는 삼각형 모자를 쓰고 귀에는 대나무 잎을 꼽고 있으며, 청동검 형태의 검을 들고 싸운다.

자물쇠귀신

이름	이여백(인간형)	이해관계	+1*
종	귀신	출몰지역	전라북도 여산
분류	괴인-일반형-인귀형	키/크기	12cm
속성	달(月)	몸무게	21g
특징	인간형 모양의 자물쇠 요괴에 관해 박학다식	나이	35
		시대	조선

POWER | 파워지수

지능 / 주술 / 요술 / 자연조절 / 근력 — 29

이름	이연쇄(반닫이형)	이해관계	+1*
종	귀신	출몰지역	전라북도 여산
분류	괴인-일반형-인귀형	키/크기	7cm
속성	달(月)	몸무게	21g
특징	반닫이형 모양의 자물쇠 길에 관해 박학다식	나이	28
		시대	조선

POWER | 파워지수

지능 / 주술 / 요술 / 자연조절 / 근력 — 26

자물쇠에 영혼이 갇힌 귀신이다. 원래는 병자호란 때 조선에 온 중국의 젊은 장수와 부하였으나, 전사하고 말았다. 전사한 뒤 남은 혼은 떠나지 못해 그대로 근처에 있던 자물쇠에 갇혀버렸다. 그렇게 장수는 인간형 자물쇠가, 그의 부하는 반닫이 자물쇠가 되었다. 현재는 신비한 기운이 흘러나오는 정체 모를 집의 문에 걸려있다. 자물쇠의 허락을 얻어야만 이 집의 문들을 열 수 있다. 반닫이형 자물쇠는 세상에 일어나는 문제를 해결하는 방법과 길을 찾는 방법에 매우 박식하며, 인간형 자물쇠는 요괴에 대해 박식하고, 요괴를 물리치는 법도 매우 잘 알고 있다. 그 외에도 어떤 고난과 역경도 이겨낼 수 있는 지혜를 둘 다 겸비하고 있어 문을 열기란 쉽지 않다. 그래서 이 집에 누가 사는지, 무엇이 있는지는 비밀에 싸여있다.

자이

이름	자이	이해관계	0
종	요괴	출몰지역	한산주 당은현
분류	물괴-자연물형-무생물형	키/크기	500cm
속성	흙(土)	몸무게	60t
특징	100걸음이 최대	나이	1400
		시대	삼국시대

POWER | 파워지수

지능 / 주술 / 요술 / 자연조절 / 근력
31

스스로 움직이는 바위 요괴다. 크고 무거워서 빨리 움직이지 못하며 한 번 움직일 때도 100걸음을 못 채울 정도로 움직이는 데 매우 서툴다. 인기척이 느껴지거나 사람이 많을 때는 일반적인 바위인 척하고, 아무도 없을 때만 열심히 움직인다. 그래서인지 많은 사람이 자이가 존재한다는 사실조차 잘 모른다. 커다란 몸집에 이끼가 잔뜩 껴있는 자이는 흔한 바위와 같으나, 자세히 보면 손가락 같은 돌로 커다란 입안을 가린 채 들키지 않으려 눈을 굴리고 있는 모습을 발견할 수 있다.

자이를 발견한 유일한 기록은 삼국사기에 있다. 봄에 큰 돌이 저절로 32걸음이나 옮겨갔다는 이 기록은 아마도 자이를 보고 쓴 듯하다. 이 외에도 돌이 저절로 움직인다는 전설이 많은 것을 보면, 자이가 사람들 눈에 안 띄게 움직이는 것이 매번 성공하는 것은 아닌 거 같다.

장승

이름	천하대장군&지하여장군	이해관계	+2
종	신령	출몰지역	시골 마을 입구
분류	신령-신형	키/크기	175cm/159cm
속성	해(日)	몸무게	68kg/53kg
특징	마을 입구에서 악귀와 잡귀를 막아줌	나이	4355
		시대	고조선

POWER | 파워지수

지능 / 주술 / 요술 / 자연조절 / 근력

42

부정한 것들로부터 마을을 지키는 마을의 수문장이자 신이다. 장승은 마을 사람들이 나무를 깎아 만드는 것으로, 마을을 지켜주길 바라는 마음이 담긴 존재이다. 일반적으로 '천하대장군'과 '지하여장군'이 부부로 같이 만들어져 마을 입구 양쪽에 자리하게 된다.

각각에게는 힘이 없으며, 둘이 함께 있을 때만 마을을 지킬 힘을 발휘할 수 있다. 큰 이목구비로 마을에서 일어나는 모든 일을 듣고 지켜본다. 또한 잡귀와 둔갑한 요괴가 들어오지 못하도록 마을을 지키고 마을 안의 행복이 나가지 않도록 막으며, 마을 내에 병에 걸린 이가 장승에게 가 "병 귀신을 물리쳐 주세요!" 하고 빌면 병마를 물리칠 수 있다. 마을 안뿐만 아니라 마을 밖의 소식까지 솟대를 통해 전해 들으며 경계한다.

장승은 나무로 만든 상징에 깃든 존재이다. 본체인 나무는 자연재해에 오래 견디지 못해 주기적으로 새로 깎아 세워야 한다. 그래서 장승이 있는 마을에서는 매해 새로운 장승을 깎아 세우고, 새로운 장승을 대접하는 장승제를 지낸다. 이는 오늘날까지도 이어지는 한국의 전통이다.

장자마리

이름	장자마리	이해관계	+1
종	신령	출몰지역	강릉
분류	신령-신형	키/크기	176cm
속성	물(水)	몸무게	110kg
특징	풍요와 다산을 상징 바다와 육지를 자유롭게 다님	나이	400
		시대	조선

POWER | 파워지수

지능 / 주술 / 요술 / 자연조절 / 근력

33

강릉 관노 가면극*에 등장하는 신령이다. 풍요와 다산을 상징한다. 장자마리의 어원은 부자를 뜻하는 '장자'와 하인을 뜻하는 '마름'의 합성어라는 설이 가장 유력하다.

　장자마리는 바다와 육지를 자유롭게 오갈 수 있으며, 풍요를 상징하는 항아리 체형의 몸 위로는 그 흔적으로 거북이의 등껍질과 같이 따개비 등이 붙어있다. 춤과 노래를 사랑하며, 익살스러운 매력을 뽐낸다. 춤추기 편한 복장을 즐겨 입고 윤기 나는 해초 머리카락을 찰랑거리며 몸을 흔든다. 장자마리는 가끔 자기 발에 걸려 넘어지는 등 다소 어벙한 면도 있으나, 인간을 좋아하고 항상 웃고 있는 얼굴이 매력적인 존재다.

　강릉 단오제에서는 선두에 서서 먼저 춤을 추며 놀이판을 정화하고, 잡귀가 함부로 오지 못하도록 한다. 또한 풍농과 풍어를 기원해준다.

* **강릉 관노 가면극** : 강원도 강릉에서 매년 단오제(음력 5월 5일) 때 행하던 조선시대 관노들의 가면극이다.

이름	장화(언니)	이해관계	-2*	POWER｜파워지수
종	귀신	출몰지역	평안북도 철산	지능
분류	괴인-일반형-인귀형	키/크기	158cn	근력 25 주술
속성	달(月)	몸무게	21g	
특징	외모와 능력이 출중	나이	17	자연조절 요술
		시대	조선	

이름	홍련(동생)	이해관계	-2*	POWER｜파워지수
종	귀신	출몰지역	평안북도 철산	지능
분류	괴인-일반형-인귀형	키/크기	154cm	근력 22 주술
속성	달(月)	몸무게	21g	
특징	언니를 믿고 잘 따름	나이	13	자연조절 요술
		시대	조선	

억울하게 죽은 자매 귀신이다. 이름은 장미를 뜻하는 장화와 연꽃을 뜻하는 홍련이다. 외모와 능력이 출중한 자매였으나 새어머니로 인해 장화가 연못에 빠져 죽었고, 언니의 부재를 견디지 못한 홍련도 따라 죽었다. 그 후로 둘은 귀신이 되었는데, 밤마다 한을 풀어주기를 요청하며 인간들 앞에 나타난다. 하지만 많은 이들이 귀신의 모습에 놀라 도망가버려 아직 귀신인 채로 인간 세상을 떠돌고 있다. 장화와 홍련은 태몽부터 하늘의 선관*이 꽃을 건네주는 것이었던 만큼 고귀한 존재로, 귀신이 되어서도 영험한 신수들과 함께 나타나고 사라진다. 한을 풀고 나면 둘은 은혜에 감사하며 하늘로 승천하고, 한이 풀리지 않으면 그 마을은 그해 흉년이 들 정도로 영향력이 크다고 한다.

* 선관 : 신선이 사는 곳의 관원

이름	강마루(팀장)	이해관계	-1
종	신령	출몰지역	알 수 없음
분류	신령-수련형	키/크기	192cm
속성	흙(土)	몸무게	73kg
특징	저승사자가 된 이유는 비밀에 싸여있음	나이	알 수 없음
		시대	알 수 없음

이름	박일복(과로차사)	이해관계	-1
종	신령	출몰지역	각종 근무지 일대
분류	신령-수련형	키/크기	155cm
속성	나무(木)	몸무게	50kg
특징	과로사로 저승사자가 됨 현재도 과로 중	나이	28
		시대	근대

이름	나추어(동사차사)	이해관계	-1
종	신령	출몰지역	주로 산
분류	신령-수련형	키/크기	169cm
속성	물(水)	몸무게	56kg
특징	추운 겨울날 사망 후 저승사자가 됨	나이	32
		시대	알 수 없음

이름	전사자(전사차사)	이해관계	-1	POWER | 파워지수
종	신령	출몰지역	전쟁터	
분류	신령-수련형	키/크기	188cm	
속성	쇠(金)	몸무게	100kg	
특징	전쟁터에서 사망 후 저승사자가 됨 근력이 매우 좋음	나이	37	
		시대	조선	

이름	배어라(참수차사)	이해관계	-1	POWER | 파워지수
종	신령	출몰지역	광장	
분류	신령-수련형	키/크기	120cm(머리 제외)	
속성	쇠(金)	몸무게	39kg	
특징	죄를 저질러 목이 잘린 후 저승사자가 됨	나이	42	
		시대	조선	

죽은 영혼을 올바른 길로 인도하는 신이다. 7명이 한 팀으로 구성되어 있으며, 팀에는 팀장 격인 저승사자와 6명의 개성 있는 구성원들이 있다. 각 저승사자는 자신이 죽은 이유와 연관된 죽음을 담당한다. 그렇다고 해서 아무나 저승사자가 될 수 있는 것은 아니다. 살아생전 남들보다 치열한 삶을 살았고, 남들과는 다른 특별한 점을 가졌던 소수만이 염라대왕의 선발을 통해 될 수 있다.

저승사자들은 각각이 가지고 있는 힘이 다르며, 그 능력 또한 매우 다양하다. 죽은 영혼들을 올바른 곳으로 가도록 이끄는 일 외에도 탈주한 영혼, 혹은 악이 깃든 귀신 등을 잡기 위해 종종 출장도 나간다. 저승사자에게 잡히면 그 뒤로는 꼼짝없이 끌려가게 되므로, 귀신들은 저승사자를 마주치지 않기 위해 열심히 도망 다닌다.

이름	애기(영아차사)	이해관계	-1
종	신령	출몰지역	병원
분류	신령-수련형	키/크기	75cm
속성	흙(土)	몸무게	4.7kg
특징	태어난 지 얼마 되지 않아 저승사자가 됨 애늙은이	나이	알 수 없음
		시대	조선

이름	안대여(자살차사)	이해관계	-1
종	신령	출몰지역	공원, 강 일대 등 다양
분류	신령-수련형	키/크기	180cm
속성	흙(土)	몸무게	67kg
특징	스스로 삶을 끝내고 저승사자가 됨	나이	알 수 없음
		시대	알 수 없음

조마구

이름	조마구	이해관계	-2
종	요괴	출몰지역	충청북도
분류	괴수-이형-공상형	키/크기	10cm~?
속성	쇠(金)	몸무게	300g~?
특징	때릴수록 점점 커짐	나이	알 수 없음
		시대	조선

POWER | 파워지수

지능 / 주술 / 요술 / 자연조절 / 근력

34

설화로 전해지는 요괴로 '조마귀'라고도 한다. 조마구의 정확한 생김새에 대해서는 알려진 바가 없으나, 여러 기록에서는 이 괴물을 네발 달린 짐승 정도로만 묘사하고 있다. 쥐 정도의 크기로 식탐이 매우 강하며 종종 민가로 내려와 부엌에 숨어들어 음식을 훔쳐먹고는 한다.

사람들은 부엌에서 조마구를 발견하면 쥐인 줄 알고 내쫓기 위해 혹은 죽이기 위해 조마구를 때리는데 이는 아주 잘못된 선택이다. 조마구는 보기에는 손바닥 위에 올릴 수 있을 정도의 작은 몸집을 지녔지만, 때리면 때릴수록 몸집이 커지고 처음에는 귀여워 보이기도 했던 모습이 점점 흉측하고 괴기하게 변해간다. 송아지 정도까지 커졌을 때는 사람을 죽이기도 하며, 매우 잔인한 성정을 가지고 있어 죽인 사람으로 고깃국을 끓여 먹기도 한다. 다행인 점은 조마구는 머리가 조금 우둔하므로 유인만 잘한다면 불로 태워 죽일 수 있다는 것이다.

주견사

이름	주견사	이해관계	+1*	POWER | 파워지수
종	요괴	출몰지역	정원	
분류	괴수-이형-돌연변이형	키/크기	30cm	
속성	나무(木)	몸무게	180g	
특징	뱀을 잡아먹음 뱀독에 강함	나이	287	
		시대	조선	

POWER | 파워지수 (지능, 주술, 요술, 자연조절, 근력) 16

뱀을 잡아먹는 거미 요괴다. 일반적인 거미와는 다른 모습으로 얼핏 보면 외계인 같은 형상을 하고 있다. 크고 날카로운 이빨들이 무시무시하며 옆니는 코끼리의 상아와 비슷하게 튀어나와 있다. 8개의 다리를 가지고 있으며, 몸이 커서 2개의 다리로 몸을 지탱하고 나머지 6개의 다리로 다닌다.

　주견사는 항문으로 거미줄을 뿜어내는 보통의 거미와는 다르게 입으로 거미줄을 만들어내는데, 이 거미줄은 매우 질기고 강해서 쉽게 끊기가 힘들다. 또한 주견사의 이빨은 뱀의 비늘을 뚫을 만큼 날카롭고 강하다. 이렇게 탄탄한 거미줄로 뱀을 움직이지 못하게 한 뒤 날카로운 이빨로 뱀을 잡아먹는다. 만약 독사가 주견사의 거미줄에 걸리더라도 주견사에게는 문제가 되지 않는다. 이 거미는 뱀독에 대한 내성이 있으며, 독을 빨아내는 재주 또한 가지고 있기 때문이다. 뱀에 물렸을 때 주견사를 상처에 갖다 대면 독을 제거할 수 있다. 단, 주견사에게 물릴 수도 있으므로 매우 조심해야 한다.

이름	주작	이해관계	+3*	POWER | 파워지수
종	신수	출몰지역	남쪽 하늘	
분류	신수-환수형	키/크기	5000cm *크기변형가능	
속성	불(火)	몸무게	25t	
특징	남쪽의 하늘과 별을 수호	나이	알 수 없음	
		시대	알 수 없음	

POWER | 파워지수

지능 / 주술 / 요술 / 자연조절 / 근력

76

남쪽의 하늘과 별을 수호하는 신수다. 계절로는 여름, 색은 적색을 상징한다. 붉은색의 거대한 새로, 적오, 주오라고 부르기도 한다.

주작은 그 크기가 6척으로 성인 남자보다 크며, 주작의 날개는 모두 펼쳤을 때 집 한 채를 덮을 수 있을 정도이다. 주작의 붉은 색은 강한 양기를 상징하며, 동시에 불을 상징한다. 불의 속성을 가진 주작은 열정이 가득하며 가끔은 다혈질의 기질을 보여주기도 한다.

처음 신수가 되었을 때 강해 보이기 위해 노력했으나 자신은 자신만의 힘이 있다 믿으며 생각을 바꿨다. 자신이 했던 과거의 행동들을 좋아하지 않으며, 물의 신수인 현무와는 여러모로 사이가 좋지 않다.

주지

이름	주지	이해관계	+1	POWER | 파워지수
종	신수	출몰지역	경상북도 안동	지능
분류	신수-환수형	키/크기	400cm	근력 · 주술
속성	물(水)	몸무게	320kg	39
특징	암수 한 쌍이 같이 다님	나이	980	자연조절 · 요술
		시대	조선	

하회별신굿*의 둘째 마당에 등장하는 상상의 동물로, 탈판의 부정을 정화하는 역할을 한다. 주지는 얼굴이 가로로 길며 머리 위로는 결 좋은 깃털이 빽빽하게 솟아있고, 특이한 눈썹 아래로는 신비로운 푸른 눈이 자리하고 있다. 네 발 달린 동물로 몸집이 매우 크며, 황금빛의 부드러운 털로 온몸이 덮여있어 흡사 사자와 비슷한 느낌을 주기도 한다.

주지는 암수 한 쌍이 항상 같이 다닌다. 탈판에서 서로를 마주 보며 격하게 춤을 춰 잡귀를 쫓아내고 부정한 것을 정화한다. 탈판의 부정을 정화하는 춤 이후엔 암주지와 숫주지가 서로 뒤엉켜 춤을 추는데, 이는 풍요와 다산을 기원하는 행위이다.

하회별신굿
경상북도 안동시에서 5년 또는 10년마다 마을 공동으로 주민들이 지내던 마을굿이다. 마을의 안녕과 풍농을 기원하는 의식으로 총 10개의 마당으로 구성되어 있으며, 주지는 세 번째 '주지마당'에서 등장한다.

지네각시

이름	복진애	이해관계	+1
종	요괴	출몰지역	산속
분류	괴수-일반형-요술형	키/크기	350cm(몸 전체)
속성	쇠(金)	몸무게	100kg
특징	자신과 결혼하면 부자로 만들어줌	나이	999
		시대	조선

POWER | 파워지수

46

지능 / 주술 / 요술 / 자연조절 / 근력

인간이 되고 싶어 하는 지네 요괴다. 아무도 안 볼 때는 지네의 모습을 하고 있지만, 자신이 잘 보여야 하는 인간 앞에서는 아름다운 여인의 모습을 하고 있다. 지네각시는 끝없는 부를 창출하는 것이 가능하며 집을 마련해주기도 하고 돈 걱정 없이 지내도록 만들어준다.

지네각시는 원래 평범한 지네였다. 어느 날 호기심 많은 인간들에 의해 죽을 위기에 처하였고, 그것을 어떤 남자아이가 구해주었다. 자신만 보면 징그럽다고 이야기하는 다른 인간들과 다르게 지네인 자신을 보며 멋있다고 해주는 아이를 보며 사랑에 빠졌고, 이를 계기로 남자아이와 만나야겠다는 일념을 가지고 사람이 되기 위해 수련했다. 이를 시기한 천 년 묵은 구렁이가 시시때때로 이를 방해하지만 지네각시는 여전히 인간이 되기 위해 열심히 수련 중이다.

천마

Cheonma(skyhorse)

이름	천마	이해관계	+1
종	신수	출몰지역	옥황궁, 하늘
분류	신수-환수형	키/크기	250cm
속성	해(日)	몸무게	430kg
특징	하늘과 땅을 오가는 존재	나이	2300
		시대	신라

POWER | 파워지수

지능
주술
요술
자연조절
근력
43

빛나는 털을 가진 백마로, 하늘을 나는 말이지만 날개는 없다. 천마는 갈기가 구름과 같이 풍성하고 아름다워서 하늘을 날아다닐 땐 한 폭의 그림과도 같다고 전해진다. 또한 천마가 내려올 때는 신기한 기운이 감돌며 번개와 같은 빛들이 주위에 반짝인다고 하는데, 그 모습을 보기는 매우 힘들다. 하늘을 날아다닐 때는 빛과 같이 빨리 움직이며, 사람을 발견하면 재빠르게 도망가기 때문이다.

천마가 하는 일은 주로 두 가지로, 하나는 하늘의 뜻 혹은 신이 내려준 기물을 전하는 것이다. 박혁거세 신화에 하늘의 알을 전해준 신수로 천마의 이야기가 기록되어있다. 천마가 하는 또 다른 일은 죽은 사람을 하늘로 데려가는 일이다. 신라 시대의 무덤에는 천마가 그려져 있는 것을 발견할 수 있는데, 옛사람들은 천마가 죽은 사람을 하늘로 데려간다고 믿었기 때문이다.

* 박혁거세 : 진한 시절(B.C 1세기-A.D. 3세기) 경주에는 6개의 마을이 있었다. 여섯 마을 촌장들이 나라를 세우고자 알천 언덕에서 회의를 하고, 임금으로 추대할 덕이 있는 사람을 찾기 위해 높은 산에 올라가 사방을 둘러보았다. 그때 남쪽에 있는 우물이 빛나는 것이 보여 그리로 갔더니, 우물 앞에는 천마가 엎드려 있었고, 천마 앞에는 큰 알이 놓여있었다. 촌장 하나가 알을 조심스레 건드리자, 알이 깨지면서 사내아이가 나와 우렁차게 울기 시작했다. 이 아이가 훗날 신라(B.C. 57년-A.D. 935년)를 세우는 박혁거세이다.

* 천마총 : 경상북도 경주시에 있는 삼국시대 신라 시기(6세기 초엽)의 무덤이다. 이곳에서 천마가 그려진 그림이 발견되어 천마총이라 불리게 되었다. 그림 속 천마는 말갈기와 꼬리털을 세우고 하늘을 달리는 모습으로 그려져있다.

청룡

이름	청룡	이해관계	+3*	POWER | 파워지수
종	신수	출몰지역	동쪽 하늘	
분류	신수-환수형	키/크기	8000cm *크기변형가능	
속성	나무(木)	몸무게	2.5t	
특징	동쪽의 하늘과 별을 수호 자신만의 정원이 있음	나이	알 수 없음	
		시대	알 수 없음	

동쪽의 하늘과 별을 수호하는 신수다. 계절로는 봄, 색은 청색을 상징하며, 나무 속성이다. 모든 용이 물을 다룰 수 있듯이 청룡도 물을 다룰 수는 있지만 그 능력이 미미하고, 식물 특히 나무와 풀들을 다루는 데 능숙하다. 나무에 있어 물이 중요하듯이, 청룡과 물의 기운을 가진 신수 현무는 서로에게 상승효과가 나타난다.

청룡은 겉보기와 달리 온순하고 평온한 성격을 지녔으며, 은근히 속이 여린 면모를 보이기도 한다. 청룡에겐 자신만의 정원이 있는데 이곳에는 인간 세상에서는 볼 수 없는 귀한 식물과 열매들이 자라난다고 한다. 신수의 일을 하지 않을 때는 이곳을 가꾸는 데 시간을 대부분 보낸다.

탄주어

이름	탄주	이해관계	-2
종	요괴	출몰지역	동해
분류	괴수-이형-공상형	키/크기	7000cm
속성	불(火)	몸무게	300t
특징	방울 소리와 쇳소리를 싫어함	나이	420
		시대	조선

POWER | 파워지수

지능 / 주술 / 요술 / 자연조절 / 근력

36

배도 집어삼킬 정도로 큰 괴물 물고기다. 고래도 탄주어를 만나면 도망갈 만큼 커다란 몸집을 자랑한다. 동해 근처에서 주로 발견되며, 사람을 잡아먹는 장면도 목격됐다고 한다. 비슷한 모습과 커다란 몸으로 인해 고래로 착각하는 사람도 있지만, 엄연히 고래 와는 다르다. 일반인이 함부로 잡기는 힘들뿐더러 만나면 살아남기 힘드니 마주치지 않 는 것이 최선이다. 탄주어를 피할 수 있는 유일한 방법은 바로 소리다. 탄주어는 소리에 민감한 편이라 방울 소리나 쇳소리가 나면 근처에 오지 않는다고 하며, 해녀들은 탄주 어를 피하고자 방울을 차고 물질했다고 한다.

탄주어에게 잡아먹혀도 탄주어의 뱃속은 넓은 동굴과도 같아서 얼마간은 생존할 수 있다. 탄주어의 내장을 날카로운 물건으로 긁으면 뱉어내는 경우도 있어 살 수 있기도 하 지만, 탄주어가 뱉어낼 때 나오는 열기가 너무 뜨거워 살이 타는 기분이라고 한다. 실제 로 그 열기를 쐬면 온몸의 털이 다 타며, 한 번 탄 털들은 다시 자라나지 않는다고 한다.

태자귀

이름	아가	이해관계	+1	POWER | 파워지수
종	귀신	출몰지역	점집, 무당집	
분류	괴인-일반형-인귀형	키/크기	75cm	
속성	달(月)	몸무게	21g	
특징	휘파람을 불면 나타남 사탕(옥춘)을 좋아함	나이	2	
		시대	조선	

POWER | 파워지수
지능 / 주술 / 요술 / 자연조절 / 근력
22

세 살 미만의 여자아이 귀신이다. 어릴 때 병으로 죽은 후 혼만 남은 상태로 무당 혹은 사람에게 붙어서 길흉화복을 말하고, 보이지 않는 먼 곳의 사정까지 알려준다. 친절하게도 자기가 빌붙을 사람에게 허락을 구하며, 이를 허락한 이에게는 붙어서 떠나지 않는다. 태자귀는 휘파람 소리 혹은 채찍 소리와 함께 나타나며 자신의 할 일을 다 하면 자연스럽게 다시 사라진다. 어린아이 귀신이라 겁을 먹거나 나쁜 말을 하면 모습을 드러내지 않으며, 채소를 싫어하고 사탕을 좋아한다.

조선 시대 괴담 중에 용한 무당이 되기 위해 태자귀를 일부러 만드는 방법이 떠돌기도 했다. 아이를 데려와 좁고 어두운 곳에 가둬서 며칠을 굶긴 후, 아이가 배고픔에 울다가 실신하면 그때 아이의 앞에 먹을 것을 갖다 둔다. 아이가 먹을 것에 손을 뻗는 순간, 아이의 손을 잘라 신내림을 받기 위한 것으로 사용한다. 아이의 넋을 손에 가둔 뒤, 아이의 시체는 48조각으로 잘라 태운다. 실제로 조선 시대의 기록서나 1976년경 신문에 실제 아이를 유괴해서 태자귀를 만들려 했다는 기록이 있다고 한다.

해골귀신

이름	나사람	이해관계	-2
종	귀신	출몰지역	대원
분류	괴인-일반형-인귀형	키/크기	152cm
속성	나무(木)	몸무게	21g
특징	자칭 패셔니스타 인간의 가죽을 옷처럼 사용	나이	306
		시대	청나라

POWER | 파워지수

지능 · 주술 · 요술 · 자연조절 · 근력

29

뼈밖에 없는 귀신이다. 온몸에 살과 가죽이라고는 찾아볼 수 없으며, 안구가 없는 공허한 눈을 반짝이며 다닌다. 혼자 있을 때는 뼈밖에 없는, 있는 그대로의 모습을 하고 있으며 갈비뼈 사이로 보이는 도깨비불과도 같은 푸른빛이 아마 해골귀신을 움직이는 원동력인 듯하다.

사람들 사이로 숨어들거나 인간을 속여야 할 때는 인간의 가죽을 쓰고 돌아다닌다. 인형 탈을 쓰고 벗듯이 가죽을 착용하는데 해골귀신이 언제부터 존재했는지, 원래 누구의 뼈였는지, 뼈밖에 없는데 어떻게 움직이는지 알려진 바가 없다. 해골귀신에 대한 유일한 기록은 옛날에 소금장수가 자신에게 대변을 봐서 그를 몇 년에 걸쳐 쫓아다닌 적이 있으며, 자신에게 해를 가한 이는 몇 년에 걸쳐 찾아내고 기다릴 만큼 집념과 집착이 강한 귀신이란 것뿐이다.

현무

Hyunmu

이름	현무	이해관계	+3*	POWER | 파워지수
종	신수	출몰지역	북쪽 하늘	지능
분류	신수-환수형	키/크기	6000cm *크기변형가능	
속성	물(水)	몸무게	24t	76
특징	북쪽이 하늘과 별을 수호 암수가 한몸	나이	알 수 없음	근력 주술
		시대	알 수 없음	자연조절 요술

북쪽의 하늘과 별을 수호하는 신수다. 계절로는 겨울, 색은 검정을 상징하며, 강한 물의 기운을 가지고 있다. 현무는 거북이와 뱀이 함께 있는 모습의 동물로, 그 색의 검은빛을 띠고 있어 현(玄), 몸에 단단한 비늘과 두꺼운 껍질이 있어 무(武)가 합쳐져 현무라 한다. 현무는 사방신 중 유일하게 암수가 한 몸인 동물로, 그래서인지 민간신앙에서는 남녀의 사랑을 상징하기도 한다.

　현무가 처음부터 뱀과 함께 다녔던 것은 아니다. 막 신수가 되었을 때 강해 보이기 위해 검은 뱀과 함께 다니기 시작하였으며, 지금은 이 뱀과 환상의 짝꿍으로 서로 떼려야 뗄 수 없는 한 몸이 되었다. 현무는 물의 신수로 불의 신수인 주작과는 사이가 좋지 못하다.

126

현학

Hyunhak

이름	현학	이해관계	+1
종	요괴	출몰지역	절벽
분류	괴수-일반형-변이형	키/크기	평균 155cm
속성	해(日)	몸무게	8.8kg
특징	검은빛이 나는 학 인간의 노래와 춤을 좋아함	나이	기본 2000살
		시대	개체마다 다름

POWER | 파워지수

28

지능 / 주술 / 요술 / 자연조절 / 근력

학이 1000년을 살면 푸른빛이 나고, 2000년을 살면 온몸에서 검은빛이 나는 현학으로 변한다. 현학은 무병장수의 상징이자 고결, 우아함의 상징이다. 옛사람들은 현학이 오면 좋은 일이 생긴다고 하여 길조로 받아들였다. 하지만 현학은 아주 고지식하고 원리원칙주의자라 주위를 피곤하게 하기도 한다.

고구려 왕산악이라는 사람이 어떤 악기를 만들었고, 그것을 연주하자 검은 학이 날아들어 춤을 추었다고 한다. 그래서 이 악기를 현학금(玄鶴琴)이라 부르게 되었고, 이것이 거문고*의 시작이다. 이렇게 현학은 인간의 노래와 춤을 좋아하며, 아름다운 음악이 들리면 찾아와 춤을 추기도 한다. 그렇다고 해서 인간을 좋아하는 것은 아니다. 오히려 사람이 다가오면 멀리 날아가 버린다. 현학은 금실이 좋은 생물이기도 하여 암컷과 수컷 한 쌍이 항상 함께 다니고, 사람이 다가가기 어려운 절벽 위에 집을 짓고 한 쌍으로 산다.

* **거문고** : 대한민국의 전통 현악기.

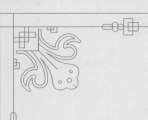

부록

지금부터 보실 기록은 묘신의 초대로 묘신계를 방문할 수 있었던 한 인간이 기록한 내용입니다. 고전 기록에서는 볼 수 없었던 괴력난신들의 숨겨진 모습들을 확인할 수 있습니다. 단, 본 것을 인간 세상에 발설할 시 어떤 일이 벌어질 지는 알 수 없습니다.

< 묘신의 일상 >

때로는 무서운
신의 면모를 가지고 있지만,
묘신의 일상 모습은
영락없는 고양이다.

묘신의 집은 얼핏 보면 신비스러운 구름 속에 둘러 쌓인 산 속의 정자 같기도 한데,
내부를 들여다보면 거대한 캣타워 같기도 하다. 묘신의 집에는 함께 사는 애완요괴 마명조가
항상 구석 한켠을 자리하고 있는데, 주로 지붕 꼭대기에 앉아 기다란 꼬리를 깃발처럼 펄럭인다.
마명조는 옥황상제가 묘신에게 친히 하사한 선물로, 눈이 세 개인 작고 귀여운 요괴이다.
참새처럼 쪼그만 몸에 감당할 수 없이 길고 알록달록한 꼬리를 가지고 있는 것이 특징이다.

커다란 연꽃잎 위에 자리잡고 앉아
지나가는 물고기들을 들여다보는 묘신

날아가다 나뭇가지에 걸린
마명조 잡기 놀이

쌀쌀한 날씨가 되면 묘신은
마명조의 긴 꼬리를 이용해 목도리를 한다.
마명조는 묘신의 머리 위에 앉는 것을 좋아하는데,
이때 뒤로 늘어뜨려진 마명조의 꼬리를 목 둘레에 두르고
끝부분을 살짝 묶어주면 된다. 한편, 마명조는
꼬리가 묶여 날아갈 수 없게 된 것을 모르고 있다.

갑자기 충기여서에게 호기심이 발동한 묘신!

소나무 아래서 잠시 비를 피하는 묘신과 충기여서들

< 마명조의 잘 준비 >

1. 제자리에서 빙글 돈다
Lifts up its long tail and spins

2. 꼬리를 말고 파닥인다
Rolls into its tail and adjusts wings

3. 날개털까지 꼬리 안에 넣는다
Keeps wings inside rolled up tail and gets cozy

4. 별똥별을 감상하며
포근하게 잠이 든다
Dreams of fireball (shooting star)
and sleeps soundly

< 꼬리가 길어서 슬픈 새 >

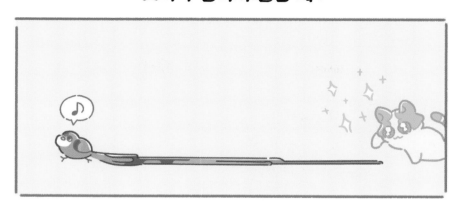

< 묘신계의 먹고사는 문제 >

무시무시하고 날카로운 이빨과 비늘로

물속에 들어오는 모든 것을 먹어치우는 금혈어!

하지만 지금은 제 점심이죠!

묘신은 물고기 좋아해

점심 시간

많이 주세요

그럼~
김치도 많이 먹고~

김치 싫어!!

석복이에게 김치는 이제 그만!

< 괴력난신들이 병원에 간다면? >

치아 관리는 한방에 하는 거 아니다

돌이끼 벗기기 넘 힘들어

137

달걀귀신의 성형은 다음 생에...

신거무 시력검사 1시간째...

삼두구미 발 어디 흘렸는지 보신 분?

< 괴력난신들의 강강술래 >

1. 보름달이 두웅실~ 강강술래를 해보기로 함

2. 잘 돌다가 갑자기 느슨해진 골출귀 팔 빠짐

3. 빠진 골출귀 팔에 놀란 대괴면이 큰머리를 감당하지 못하고 달걀귀신쪽으로 휘청

4. 결국 넘어져 깨진 달걀귀신의 머리. 그리고 그 옆에 놀란 지귀의 불이 화르륵

5. 놀라 뒷걸음질치던 지귀가 구미호의 꼬리를 밟음

6. 고통에 허둥지둥하던 구미호 그만 매화노인의
가지를 꺾어버림

7. ...

8. 결론은... 계란후라이?

< 상심과 장자마리의 댄스 배틀 >

줌바

막춤

룸바

디스코

상심과 장자마리의 댄스배틀은
장르를 가리지 않는다!

스윙댄스

탈춤

삼바

발레

탱고

문워크

아악

브레이크 댄..

※격렬한 춤은 허리에 좋지 않습니다.※

< 괴력난신 퇴치법 >

고관대면을 이기는 방법은 눈싸움!
절대 눈을 피하지말고 더 강하게
쳐다보자!

지ー긋

묘신 승!

파삭

졌다! ㅜㅜ

꺼먹 꺼먹 꺼먹...

같은 말만 계속
반복하는 꺼먹살이,
당당하게 무시하면
기죽고 사라진다!

까약

계란, 버드나뭇가지, 강철을
무서워하는 삼두구미!

괴기한 모습의 대구귀에게는
일말의 관심도 줘서는 안 된다.
절대 쳐다보지 말 것!

때릴수록 오히려 커지는 조마구는 불로 물리칠 수 있다!

금돼지는 사슴가죽이
살짝만 보여도
기절하고, 목 뒤에
사슴가죽을 붙이면
바로 죽는다!

< 조마구가 부엌에 침투하는 법>

1. 벽 뒤에 숨는다.

2. 고개를 내밀고 부엌을 살핀다.

3. 들킨 것 같으면 딴청을 피운다.

조왕신: 이 요괴xx…부엌에 들어오기만 해봐라

등 ✷✷

아파! 몸통을 맞은 조마구가
깜짝 놀라 도망가는 걸
볼 수 있다.
머리나 배와는 다르게,
바로 사이즈가 커지지는 않는다.

머리 ✷✷✷✷✷

가만두지 않겠어!
크리티컬! 건드릴 시,
조마구의 사이즈가 급격히
2단계로 커진다.

엉덩이 ✷✷✷

아야! 엉덩이를 걷어차이면
아프다. 머리나 배처럼
조마구의 사이즈가 바로
커지지는 않지만,
누적 시 조마구의 사이즈가
1단계 더 커진다.

가만두지 않겠어

아파!

아야!

흠

죽인다

그닥

봐준다!

다리 ✷

흠, 봐준다! 튼튼한 조마구는
겨우 다리를 맞는 것만으로는
괴물로 변하지 않는다.

배 ✷✷✷✷✷

죽인다. 모든 동물이
그렇듯, 조마구도
배를 맞으면 굉장히 아파한다.
때리는 즉시 조마구의 사이즈가
1단계 더 커진다.

< 피서지에서 생긴일 >

한가로이 물놀이를 즐기는
꺼먹살이와 충기여서

머야, 해일인가?

바다에선 역쉬 서핑이쥐~

< 휴식모드 VS 전투모드 >

평소에는 귀여운 죽순의 모습으로
대나무 사이에 숨어있는 이죽이병.
단, 싸워야 할 때는 멋진 전사로!

자물쇠귀신 장군 : 감고 있던 눈을 뜨고 칼을 뽑아 신원을 확인한 다음 문을 열어준다

자물쇠귀신 부하 : 감고 있던 눈을 떠 신원을 확인한 다음,
입을 열어 '들어오라'고 외친 후 문을 열어준다.

< 괴력난신의 발렌타인 데이 >

꽃길을 따라

형형색색 연등이 불을 밝히고

로맨틱한 음식에

푸ㅡ짐

나...♥
김치전...

선물까지 준비했소

내 마음을
받아주오

우렁도령의 고백

금두꺼비
업신 등장

< 삼충이의 할로윈 맞이 >

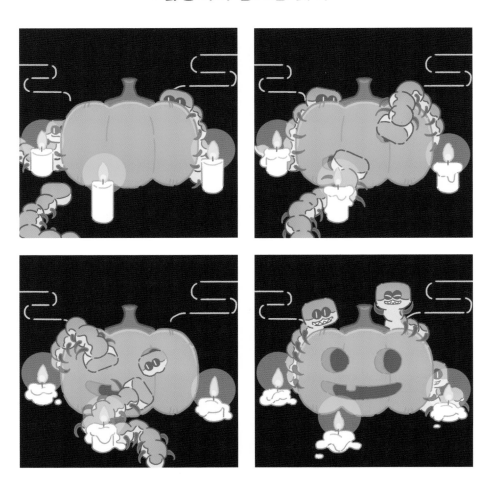

옥황상제에게 인간의 잘잘못을 죄다 일러바치는 삼충이가 모여 늙은 호박을 파먹으며
키득거리고 있었다. 초가 다 타들어 갈 때쯤 완성된 묘신계의 잭오랜턴!

< 괴력난신들의 명절 차례상>

조왕신의 모범적인 차례상

고칼로리 묘두사의 차례상

떡을 종류별로 다 차려낸 범의 차례상

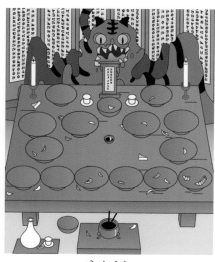

떡 더 내놔

153

< 지하국대적 VS 쥐도령의 씨름 대결 >

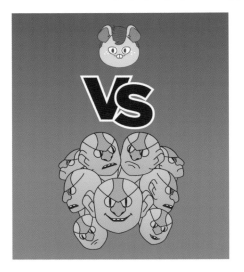

묘신계의 힘꾼 지하국대적과
상대하는 조그만 쥐도령!
과연 누가 씨름 시합에서 이길 것인가?
당연히 지하국대적이 이기지 않을까?

하지만 쥐도령에겐 다 계획이 있었다!

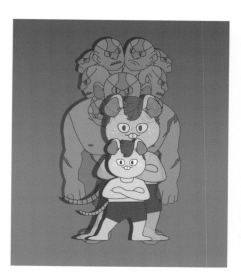

참고문헌 및 출처

괴력난신들의 원전이 되는 이야기로, 한국의 고전 속에서 수집한 내용을 정리한 부분입니다. 정확한 기록으로 정리되어 있으며, 일부는 그 지역의 언어와 단어들이 사용되어 있음을 알려 드립니다.

참고문헌 및 출처

캐릭터	문헌	출전	문헌 속 한 줄
거대메기 (대점어)	순창의 구전설화 메기바위와 송아지, 조선민담집	[순창의 구전 설화], 순창 문화원 / 손진태, [조선민담집], 민속원	거대한 메기가 바닷속 큰 동굴에서 살고 있다. 이 거대 메기가 동굴 밖으로 나오면 바닷물이 동굴로 들어가 지상에는 밀물이 생긴다. 반대로 메기가 동굴 안으로 들어가면 안쪽의 바닷물이 밀려 나와 지상에서는 썰물이 된다.
고관대면 (대괴면)	용재총화, 용천담적기	성현, [용재총화], 지식을만드는지식 / [국역 대동야승], 민족문화문고간행회	안공이 임천 군수로 있을 때, 관리들과 술을 마시고 있는데 어떤 사냥개가 울 안의 큰 나무를 보고 돌연 짖어댔다. 공이 돌아보니 어떤 괴물이 있었는데, 고관대면의 형상으로 나무에 기대어 있다가 안공이 뚫어져라 노려보니 점점 사라져버렸다.
구렁덩신선비	민간설화	[한국구비문학대계] 1-2, 366 / 2-6, 618 / 4-1, 357 / 4-6, 584 / 4-6, 641 / 5-1, 473 / 5-2, 176 / 5-2, 226 / 5-2, 374 / 5-2, 640 / 5-3, 68 / 5-3, 466 / 5-4, 827 / 5-5, 262 / 5-5, 310 / 5-5, 395 / 5-5, 660 / 5-5, 698 / 5-6, 754 / 6-1, 422 / 6-5, 154 / 6-8, 729 / 6-8, 711 / 6-11, 627 / 7-4, 220 / 7-5, 44 / 7-6, 578 / 7-8, 555 / 7-12, 140 / 7-13, 374 / 7-15, 142 / 7-16, 70 / 8-1, 195 / 8-5, 50 / 8-8, 191 / 8-9, 999 / 8-10, 597 / 8-11, 440 / 8-12, 491 / 8-13, 558	어느 옛날 한 노파가 아이를 잉태했는데 이는 구렁이였다. (중략)
귀수산	삼국유사	일연, [삼국유사], 신원문화사	임오년 (서기 682년) 5월 초하루에 동해 가운데 작은 산이 있었는데 감은사 쪽으로 떠내려왔다. (중략) 산은 마치 거북이 머리 같았고 그 위에 대나무 한 줄기가 있는데 낮에는 둘이요, 밤에는 하나로 합쳐졌다.
그림귀신	인귀설화	문화콘텐츠닷컴, 인귀설화	갑자기 부스럭 소리가 커지더니 병풍에서 사람 형태를 한 귀신이 천천히 꿈틀거리면서 나와 김판석에게 다가오고 있었다. 놀란 그는 기절을 했고 아침이 되어 깨어나자 병풍만 쓰러져 있을 뿐이었고 그 귀신의 종적은 온데간데없었다.
금돼지	금방울전, 최고운전, 한국구비문학대계	[한국구비문학대계] 1-7, 625 / 2-8, 727 / 5-2, 579 / 7-5, 276 / 7-6, 386 / 8-9, 495 / [임석재전집 한국구전설화] 3, 231 / [금방울전] / [최고운전]	신라 때, 부임하는 신임 현령마다 부인이 실종되는 문창에 현령으로 부임한 최충은 미리 부인의 손에 명주실을 매어 두었다가 부인이 실종되자 찾아 나선다. 실이 뒷산 바위틈으로 들어간 것을 확인한 최충은 부인을 잡고 있던 금돼지를 죽이고 부인을 구하여 온다.
금혈어	청성잡기	[청성잡기], 한국고전종합 DB	고래는 유독 금혈어를 두려워하는데 만나면 반드시 죽기 때문이다. 금혈어는 길이가 1~2치 정도 되는 작은 물고기인데, 비늘과 지느러미가 칼날 같으며 수백 마리씩 무리를 지어 유영한다.

꺼먹살이	도시전승설화 자료집	신동흔 외, [도시전승 설화자료 집 성], 민속원	할머니가 물러서라고 소리를 치자 "나는 꺼먹살이다. 나 는 꺼먹살이다"라고 말하며 이리 갔다 저리 갔다 하며 길 을 막았다.
달토끼	고구려 고분벽 화, 토별가	[퇴별가] / 윤열수, [신화 속 상상동 물 열전], 한국문화재보호재단	토끼라 하는 것이 (중략) 월궁(달 속의 궁전)으로 들어가서 계수나무 그늘 속의 장생약을 찧을 적에 음양의 기운이 들 어 눈이 매우 밝더라.
대구귀	어우야담	유몽인, [어우야담], 돌베개	밤이 깊어지자 홀연히 한 거대한 물체가 나타나 책상 앞에 엎드리는데, 악취가 코에 겨웠다. 정백창이 자세히 보니 그 물체는 눈이 튀어나오고 코는 오그라들었으며, 입 가장자 리가 귀까지 닿고, 귀는 늘어졌고 머리카락은 솟아있었다.
두두리	고려사, 동국여 지승람, 삼국유 사, 신증동국여 지승람, 한국민 속신앙사전	[고려사], 사회과학원출판사 / 노사 신, [동국여지승람], 명문당 / 일연, [삼국유사], 신원문화사 / 이행 민족 문화추진회, [신증동국여지승람], 솔 출판사 / [한국민속신앙사전], 국립 민속박물관	[영묘사(靈妙寺)] 절터는 본래 큰 못이었는데 두두리의 무 리가 하룻밤 새 그 못을 매우 고 이 전을 지었다고 전한다. (동국여지승람 21:18 경주 불우조)
두생일각	세종실록, 숙 종실록, 중종 실록	[조선왕조실록], 한국고전종합DB	충청도 은진현(恩津縣) 촌가(村家)에서 암탉을 길렀는 데, 머리에 한 뿔이 나서 길이가 한 1촌(寸)쯤 되고, 둘레 가 3푼(分)쯤 되었으며, 그 빛이 검고 단단하여 수탉의 발 톱과 같았다.
마명조	성호사설	이익, [성호사설], 한국고전종합DB	새의 한 가지. 몸의 크기가 작은 참새만 하고, 생긴 모양이 제비와 같은데, 꼬리의 깃털이 가늘고 길어서 그 몸의 열 배 나 된다고 한다.
무두귀	묵재일기, 민 간설화	이귀, [묵재일기], 연안이씨충정공 파종중	신숙녀의 일은 매우 의혹스러운 옥사에 가깝고, 그 사람됨 이 말이 많고 행실이 악하여 한 문중에서 죄를 얻어 쫓겨난 뒤에 또 그 집에서 머리 없는 귀신을 얻었고, 사간(事干) 등 이 또한 여섯 번째 승복을 하였으니, 이해(李瀣) 등이 아비 를 위해 복수하려는 형상이 어찌 나오지 않겠습니까?
무턱귀	삼국유사, 한국 구비문학대계	일연, [삼국유사], 신원문화사 / [한국 구비문학대계] 6-11, 166	여인들이 바가지에 물을 받아 한 잔 떠줬더니 그 사람은 물 을 거의 다 바닥에 흘리고 있었다. 이를 괴이하게 여긴 여인 들이 "무슨 물을 그렇게 마시느냐?"하고 물으니 그것이 "턱 떨어진 귀신 몰라?"라고 말하는 것이었다. 그러면서 얼굴을 사람들에게 자세히 보였는데 턱이 없었다.
백발노인	어우야담	유몽인, [어우야담], 돌베개	옛날에 고려 공양왕이 삼척에서 죽었는데, 이때부터 삼척 에는 귀신의 재앙이 있어 백발노인이 나타나기만 하면 고 을 수령이 반드시 죽었다.
백호	고구려 고분벽 화, 성호사설 외 민간신앙	이익, [성호사설], 한국고전종합DB / 윤열수, [신화 속 상상동물 열전], 한 국문화재보호재단	최근 털이 흰 호랑이를 백호라 부르기도 하지만 본래 백 호는 동양권의 신화나 설화에 나오는 상상의 동물을 의 미한다.
벼락신장	민간신앙	신동흔, [살아있는 한국 신화], 한 겨레 출판	옥황상제는 곧 우레장군에게 명하여 수명장자 집에 벼락을 내리게 하였는데, 이 우레장군이 곧 벼락신장이지요.

삼두구미	삼두구미본 풀이	신동흔, [살아있는 한국 신화], 한 겨레 출판	"삼두구미는 머리가 셋에 꼬리가 아홉 달린 괴물로 변신하 여 맏딸을 때려죽여 버렸다. (중략) 제주도에서 무덤을 옮길 때는 삼두구미 모르게 해야 한다."
삼신할머니	제주도 서사무 가 삼승할망본 풀이 외 민간 설화	신동흔, [살아있는 한국 신화], 한 겨레 출판	삼승할망은 동해산 서해산 남해산 아양안동 금백산에 울타 리 성 안팎 성을 둘러 8층 집을 지어놓고 문 안에 60명 문밖 에 60명 시녀를 거느린 채 한 손에는 생불꽃 다른 한 손에 는 번성꽃을 들고 좌정하였다. 생불왕으로 좌정한 명진국 딸은 앉아서 천 리를 보고, 서서 만 리를 보며, 하루 만 명씩 잉태시켜주고 또 해산시켜 주었다.
삼족오	고구려벽화, 동명집	정두경, [동명집], 한국고전번역원 / 윤열수, [신화 속 상상동물 열전], 한 국문화재보호재단	곤륜산 뜰 앞에는 이상한 나무가 있는데 그 나무엔 주렁주 렁 구슬 열렸네, 그 위에 새들이 날아오고 가는데 그 새 이 름 삼족오라 부른다네.
상심	삼국유사, 치평요람	일연, [삼국유사], 신원문화사 / 이우 성 편, [치평요람], 아세아문화사	헌강왕이 포석정(鮑石亭)에 행차했을 때 남산신(南山神) 이 왕 앞에 나타나 춤을 추었는데, 좌우는 보지 못했으나, 왕만 홀로 그것을 보았다. (중략) 산신(山神)이 춤을 추어 바 치며 노래를 부르면서 지리다도파도파(智理多都波都波) 등이라고 하였다.
석복	임석재전집한 국구전설화	[임석재전집 한국구전설화] 10, 295	니 밥은 니가 차려 먹으라는 새어머니 말에 석복이는 밥을 차리려고 김칫독에서 김치를 꺼내려고 했다. 그런데 김칫 독은 깊고 몸은 조그마해서 김치를 꺼내다 그만 김칫독안 에 빠졌다. 새어머니는 이것을 보고 쫓아와서 김칫독 뚜껑 을 덮었다. 그래서 석복이는 독 속에서 죽었다.
소여구아	성종실록, 인조실록	[조선왕조실록], 한국고전종합DB	인조실록 17권, 인조 5년 10월 5일 무술 4번째 기사 1627년 명 천계(天啓) 1627년 명 천계(天啓) 7년 이성석(李聖錫) 을 종부시 주부로 삼았는데, 성석은 목마(木馬)와 을래서(乙來書)로 그 재주를 자랑하고자 하여서 세상에서 오활하 고 괴이한 자라고 지목하였다.
솟대	민간신앙	[한국민속신앙사전], 국립민속 박물관	전통사회에서 장승과 솟대는 서낭당과 더불어 마을을 지 키는 보편적인 하당신으로 신앙되었다. 솟대란 나무나 돌 로 만든 새를 나무 장대나 돌기둥 위에 앉혀 장승 옆에 세 워 두는 것으로 액막이와 풍농의 기능을 수행하는 신앙물 의 역할을 했다. 솟대 위의 새는 대개 오리이며, (중략) 마을 이 물속에 있는 것처럼 되어 화마(火魔)가 얼씬거리지 못 한다고 믿었다.
신거무	구비문학대계, 민간전승	[한국구비문학대계] 6-8, 158 / 6-8, 868 / 서문성, [한국귀신이야기], 미래문화사, 159	아들이 사람의 형태는 갖추었으나 얼굴이 마치 거미 모양을 닮아 흉하기가 이를 데 없었으니 이 아이가 바로 신거무다.
신기원요	대동기문	김현룡, [한국문헌설화], 건국대학 교출판부	그리고는 들보에서 판자 뜯어지는 소리가 나더니, 조공 앞 에 사람의 팔다리가 떨어졌다. 이어 허리와 머리 부분이 떨 어지더니 그것들이 합쳐져 살갗이 하얀 여인으로 되었다. 여인은 몸에서 피를 흘리며 얇은 천으로 알몸을 가린 채 울 면서 조 공 앞을 왔다 갔다 했다.

신록	삼국사기, 성호집, 화랑세기	김부식, [삼국사기], 한불학예사 / 이익, [성호사설], 한국고전종합DB / 김대문, [화랑세기], 지식을만드는지식 / 윤열수, [신화 속 상상동물 열전], 한국문화재보호재단	공주가 꿈에 황색의 신록(神鹿)을 보고 공을 낳았다. 나면서 보통 사람 보다 뛰어났고 큰 뜻을 가졌다.
외양간신	민간신앙	[한국민속신앙사전], 국립민속박물관	마부왕은 그 어떤 신보다도 소를 소중히 여깁니다. 소를 함부로 다루거나 굶기거나 해코지하는 사람은 반드시 마부왕의 노여움을 사게 되지요.
우렁도령	우렁각시 민간설화	기존 우렁각시의 남자 버전	기존 우렁각시의 남자 버전
유인수	어우야담	유몽인, [어우야담], 돌베개	웅덩이 가운데 작은 구멍이 있는데 늘 괴이한 것이 나타나 사람을 꾀어서 끌고 들어가는 것이 한두 번이 아니었다. 남자를 보면 여자가 되고 여자를 보면 남자가 되어서 유혹했다.
이죽이병	고려사, 삼국유사	[고려사], 사회과학원출판사 / 일연, [삼국유사], 신원문화사	신라 유례왕[儒禮王, 유리왕(儒理王)] 13년에 이서국(伊西國, 신라 초기에 복속된 주변에 있었던 소국.)의 군대가 금성(金城)을 침공해 매우 급박했고, 막아도 대항할 수가 없었다. 그때 특이한 군대가 와서 도왔는데, 모두 대나무 잎으로 귀걸이를 하고서 힘을 합쳐 적을 쳐부수었다.
자물쇠귀신	임석재전집한국구전설화	[반필석전] / [임석재전집 한국구전설화] 5, 185 / 8, 112	부사는 안에 들어가서 "이여백아" 하고 다시 한번 불러 보았다. 그러자 대문에 걸려있는 자물쇠가 "예이"하고 대답하는 것이 아닌가. 부사는 이상한 자물쇠로구나 하고 그 자물쇠를 떼어 가지고 동헌으로 돌아왔다.
자이	삼국사기	김부식, [삼국사기], 한불학예사	"큰 돌이 저절로 옮겨갔다 (638년 03월(음)) 7년 봄 3월에 칠중성(七重城)註 038 남쪽의 큰 돌이 저절로 35보(步) 옮겨갔다."
장승	민간신앙	[한국민속신앙사전], 국립민속박물관	전통사회에서 장승과 솟대는 서낭당과 더불어 마을을 지키는 보편적인 하당신으로 신앙되었다. 장승은 마을을 침입하는 잡귀, 잡신과 나쁜 운수를 막기 위해 나무나 돌에 험상궂은 사람 모습을 새기거나 그려서 마을 입구나 길가에 세운 마을의 수문장이다.
장자마리	강릉관노가면극	진경욱, [한국전통연희사전], 민속원	장자마리는 강릉관노가면극에서 벽사의 기능을 수행하는 인물로서 두 명이 등장한다. 장자란 '양반', 광대의 '마름(하인)'이라는 뜻으로 일반적으로 장자마리는 '장자마름'에서 그 명칭이 유래한 것으로 본다.
장화홍련	장화홍련전	[장화홍련전]	밤이 깊은 후에 홀연히 찬바람이 일어나며 정신이 아득하여 아모란줄 모르더니 홀연 난데없이 한 사람의 미인이 녹의홍상으로 문을 열고 완연히 들어와 절을 하거늘
저승사자	격몽요결, 삼국유사, 어우야담 외 민간설화	일연, [삼국유사], 신원문화사	사자의 혼을 부르는 복을 할 때 세속의 관례에는 반드시 소자(어린 시절의 이름)를 부르니, 예가 아니다.

조마구	민간설화	박종익, [한국 구전 설화집] 충북 편, 민속원	어느 부뚜막에 조마구라는 괴물이 들어왔다. 조마구는 밥, 간장, 반찬 등을 모두 먹으며 웃어댔는데 그 집의 어머니가 이를 발견했다. 어머니는 매우 놀라 조마구를 마구 막대기로 때렸지만 때릴수록 커질 뿐이었다.
주견사	성호사설	이익, [성호사설], 한국고전종합DB	내가 정원을 산책하고 있을 때 뱀이 거미줄에 붙어 있는 것을 보게 됐다. 그 뱀은 매우 단단하게 얽혀져 있었고 거미는 그 뱀에 붙어 체액을 빨아먹고 있었다.
주작	고구려 고분벽화 외 민속신앙, 성호사설	이익, [성호사설], 한국고전종합DB / 윤열수, [신화 속 상상동물 열전], 한국문화재보호재단	주조(朱鳥), 주오(朱烏), 적오(赤烏)라고도 부르며 붉은 새를 총칭한다. 거대한 시조의 제왕으로, 남방의 상징이자 양기를 나타내는 붉은색과 함께 힘찬 보습으로 표현된다. 불을 상징하며 길조와 벽사, 장생불사의 의미를 담고 있고 남쪽 하늘의 수호신이다.
주지	고금소총, 하회별신굿탈놀이	진경욱, [한국전통연희사전], 민속원	지금까지 여러 학자가 주지를 사자로 해석해 왔다. 그러나 주지는 귀신도 무서워 도망간다는 상상의 동물로 얼굴에 쓰지 않고 손에 끼워서 조종하는 탈이기 때문에 구조가 매우 특이하다.
지네각시	민간설화	[한국구비문학대계] 1-2, 490 / 1-4, 886 / 1-4, 1021 / 1-6, 416 / 1-7, 345 / 1-7, 516 / 1-8, 323 / 2-3, 372 / 2-4, 746 / 2-5, 276 / 2-6, 620 / 2-7, 517 / 3-2, 121 / 3-4, 219 / 4-1, 235 / 4-1, 346 / 4-1, 473 / 4-1, 542 / 4-2, 543 / 4-2, 545 / 4-2, 548 / 4-3, 275 / 4-5, 483 / 4-5, 665 / 4-6, 597 / 5-1, 151 / 5-1, 707 / 5-3, 381 / 5-3, 667 / 5-4, 237 / 5-4, 622 / 5-4, 778 / 5-5, 585 / 6-4, 420 / 6-8, 501 / 6-11, 385 / 6-11, 619 / 7-2, 104 / 7-5, 30 / 7-6, 284 / 7-6, 302 / 7-6, 380 / 7-7, 82 / 7-8, 829 / 7-9, 419 / 7-9, 839 / 7-10, 602 / 7-11, 368 / 7-11, 373 / 7-11, 646 / 7-12, 158 / 7-13, 482 / 7-13, 639 / 8-5, 119 / 8-6, 70 / 8-3, 344 / 8-4, 503 / 8-5, 587 / 8-9, 747 / 8-10, 454 / 8-14, 235 / 8-14, 700 / 8-14, 767 / 9-2, 98	마지막 담배를 피우려고 하는데 여자가 커다란 지네로 변해 방을 돌아다니는 것이 보였다. (중략) 얼마 후 남자가 깨어보니 지네로 변했던 부인이 다시 사람의 모습을 하고 자신을 간호하고 있었다.
천마	금와왕 신화, 박혁거세 신화, 삼국유사, 신라시대 고분 천마총	일연, [삼국유사], 신원문화사 / 김부식, [삼국사기], 한불학예사 / 윤열수, [신화 속 상상동물 열전], 한국문화재보호재단	자세히 보니 흰 말 한 필이 자주색 알 앞에 꿇어앉아 있었고, 사람들이 그리로 달려가 보니 자줏빛의 큰 알 하나가 놓여 있었다. 말은 사람을 보자 울음소리를 길게 뽑으면서 하늘로 올라갔다.
청룡	고구려 고분벽화, 성호사설 외 민속신앙	이익, [성호사설], 한국고전종합DB / 윤열수, [신화 속 상상동물 열전], 한국문화재보호재단	용이 도를 깨우치면 비늘의 색이 파란색이나 초록색으로 변해 용들의 수장인 청룡이 된다고 한다. 비와 구름, 바람과 천둥·번개를 비롯한 날씨와 기후, 식물도 다스린다. 장식, 벽사, 복락, 출세의 의미로 많이 사용되며 동쪽하늘의 수호신이다.

탄주어	삼국사기, 성호사설, 어우야담	김부식, [삼국사기], 한불학예사 / 이익, [성호사설], 한국고전종합DB / 유몽인, [어우야담], 돌베개	세 사람이 배를 타고 가다 갑자기 큰 물고기에게 삼켜졌다. 아무것도 보이지 않아 물고기 배 속인 것을 깨달았다. 가지고 있던 칼날로 뱃속을 사방팔방 그으니 물고기도 참을 수 없어 도로 토하기에 이르렀다. 두 사람은 뱃속에서 나왔고 머리가 익어서 다 벗겨져 다시는 털이 나지 않았다.
태자귀	성호사설, 어우야담, 용재총화	이익, [성호사설], 한국고전종합DB / 유몽인, [어우야담], 돌베개 / 성현, [용재총화], 지식을만드는지식	세상에서 말하는 '태자귀'는 '어린아이 귀신'이다. 어린아이가 죽어서 혼(魂)은 날아가고 백(魄)만 엉긴 것(遊魂滯魄)이 사람에게 붙어서, 사람의 길흉과 먼 곳의 사정을 알려준다.
해골귀신	임석재전집한국구전설화	[변씨열행]	여인의 방을 몰래 들여다보니 그녀는 왕생이 없는 틈을 타 사람 가죽을 벗고 있었는데, 전신에 털이 바늘처럼 뻗치고 얼굴빛이 푸르며, 이빨은 톱날처럼 날카로웠다. 사람의 가죽을 펴고, 형형색색의 붓을 가지고 무엇인지 바삐 그린 후에 붓을 던지며 가죽을 한 번 털어 몸에 입었다.
현무	고구려 고분 벽화 외 민속신앙	윤열수, [신화 속 상상동물 열전], 한국문화재보호재단	현무는 암수가 한 몸이고 거북과 뱀이 모인 것을 이른다. 북방에 위치하고 있으므로 현이라 하고 몸에 비늘과 두꺼운 껍질이 있으므로 무라고 한다.
현학	신라고기, 신증동국여지승람	이행 민족문화추진회, [신증동국여지승람], 솔출판사	진나라 가람이 준 칠현금을 왕산악이 다시 재구성하여 연주하는 장면이 나온다. 이를 연주하자 검은 학이 와서 춤을 춰, 현학금이라 불렸다.

묘신계록 제2권
Encyclopedia of MeoShinKe Monsters Book 2
ⓒ 2022-2023 HWA HWA CO., LTD. All rights reserved.

초판1쇄 발행 2023년 1월 25일

디자인 및 제작   주식회사 화화
발행처   주식회사 화화
주 소   부산시 해운대구 센텀중앙로 48 에이스하이테크 21
전 화   051-746-2456
팩 스   051-746-2455
홈페이지   http://hwahwa.com
블로그   https://blog.naver.com/hwahwa_studio
인스타그램   https://www.instagram.com/meoshinke/
네이버스토어   https://smartstore.naver.com/hwahwa

ISBN   979-11-967556-9-0 [04910]
        979-11-967556-7-6(세트)